NICOLA PERCHIAZZI

PNL TRANSPERSONALE

Come Realizzare Una Trasformazione Profonda Di Sé e Della Propria Vita Per Ottenere Ciò Che Più Si Desidera

Titolo

"PNL TRANSPERSONALE"

Autore

Nicola Perchiazzi

Editore

Bruno Editore

Sito internet

http://www.brunoeditore.it

Tutti i diritti sono riservati a norma di legge. Nessuna parte di questo libro può essere riprodotta con alcun mezzo senza l'autorizzazione scritta dell'Autore e dell'Editore. È espressamente vietato trasmettere ad altri il presente libro, né in formato cartaceo né elettronico, né per denaro né a titolo gratuito. Le strategie riportate in questo libro sono frutto di anni di studi e specializzazioni, quindi non è garantito il raggiungimento dei medesimi risultati di crescita personale o professionale. Il lettore si assume piena responsabilità delle proprie scelte, consapevole dei rischi connessi a qualsiasi forma di esercizio. Il libro ha esclusivamente scopo formativo.

Sommario

Introduzione   pag. 5

Cap. 1: Come realizzare una trasformazione profonda   pag. 11

Cap. 2: Come migliorare la percezione del sé   pag. 62

Cap. 3: Come costruire il tuo laboratorio mentale   pag. 99

Conclusione   pag. 141

Introduzione

«La verità... ah se fosse vera!»
Jorge Luis Borges

Viviamo in un mondo in cui presunte verità, pseudo-valori, eventi senza senso e false mete ci indirizzano *sempre più* in vicoli ciechi. Siamo continuamente bombardati da luci, suoni, *parole, parole parole...*

Stimoli di ogni genere ci disorientano, spaventano e bloccano; rimuginazioni continue, idee fisse, pensieri inutili e improduttivi intasano il mio e il tuo cervello. Tutta questa pressione finisce per deprimerci: troppo grande è il divario tra i nostri desideri, le nostre aspettative e la vita reale.

Eppure viviamo in un'epoca di grande progresso tecnologico e di enormi possibilità nel campo della conoscenza, del benessere e del miglioramento personale! Sì, spesso e malvolentieri, c'è un abisso tra la tua condizione attuale e il tuo stato desiderato! È stata proprio quest'ultima considerazione a spingermi a scrivere questo mio quarto ebook per Bruno Editore. L'obiettivo? Allineare la tua vita reale alla tua vita desiderata.

Perché questo generalmente non avviene?
Le cause sono molte. Una per tutte: l'uomo ha dovuto pagare a caro prezzo le sue conquiste materiali e lo ha fatto a scapito della conoscenza di sé. Infatti, al grande progresso tecnologico continua a contrapporsi la stasi nel campo della conoscenza delle dinamiche interiori dell'essere umano e, di conseguenza, la distanza tra i suoi poteri esterni e quelli interni diventa abissale.

Per dirla con le parole di Roberto Assagioli, fondatore della Psicosintesi: «Sebbene l'uomo abbia acquistato un enorme grado di potere sulla natura, la sua conoscenza del suo essere interiore e il controllo su di esso è assai limitato (…) questo moderno "mago", capace di scendere in fondo all'oceano e di lanciarsi sulla luna, è molto ignorante di quanto accade nella profondità del suo inconscio e incapace di arrivare ai luminosi livelli del supercosciente e di prendere coscienza del suo vero Io».

Per essere ancora più caustico potrei citare lo psicologo

"sessantottino" Ronald Laing, per il quale: «Siamo esseri istupiditi e balzani, stranieri a noi stessi, agli altri, al mondo dello spirito e a quello della materia … possiamo intravvedere un punto di osservazione ideale, ma non adottarlo».

Voglio soffermarmi, in particolare, su quest'ultima considerazione: *possiamo intravvedere un punto di osservazione ideale, ma non adottarlo*. Ed è proprio ciò che farò in questo corso di risveglio: adottare un punto d'osservazione ideale.

Con questa base di partenza, quello che ti appresti a fare sarà un percorso di *formazione* e *trasformazione profonda*, i cui effetti avranno una portata trans-personale. In ogni caso, sarai tu l'attore principale, in quanto, come sottotitola l'omonimo libro di Gabriel Guerrero, formatore PNL di eccellenza, la trasformazione profonda avviene «cambiando il mondo una persona alla volta… iniziando da te stesso».

Quindi, iniziamo! *Today is the day*, oggi è il giorno. E del domani, contrariamente alla famosa poesia di Lorenzo de' Medici, avrai certezza…

Bene, passiamo dalla poesia alla prosa. Come ho già detto, questo non è il mio primo ebook di PNL per questa collana, ma, come ben sai, la Programmazione Neuro-Linguistica è proteiforme, sfaccettata, inclusiva e insieme esclusiva, per cui è possibile coniugarla e declinarla in modi sempre nuovi e differenti.

In ogni caso, al di là delle diverse scuole di pensiero, sussiste una base comune su cui ognuno può costruire in modo personalizzato e adatto alle particolari contingenze, esigenze ed emergenze del momento.

Infatti, la PNL è un modello educativo, un atteggiamento, un'attitudine, che si mette in pratica con un insieme di tecniche sempre in via d'implementazione e affinamento. Ed è questo che *fa la differenza* rispetto agli altri approcci psicoterapeutici o, in generale, di miglioramento personale.

Circoscriverla all'ambito del paradigma interazionale-strategico, come fanno Giorgio Nardone e Alessandro Salvini nel loro *Dizionario Internazionale di Psicoterapia*, per quanto corretto, non è però esaustivo della complessità dell'approccio e varietà del bagaglio formativo e *trasformativo* della PNL.

A mio parere essa attinge a tutti gli otto paradigmi ai quali i due noti psicologi fanno riferimento: cognitivista, comportamentale, eclettico, espressivo-corporeo, interazionale-strategico, psicodinamico, sistemico-relazionale e umanistico-esistenziale. Insomma, la PNL è *tutti frutti*...

A tal proposito, eccomi qui con un dispenser di energia e con un frullato di frutti di stagione, ossia quanto di meglio la PNL ha modellato dai vari approcci esistenziali e dalle tecniche di miglioramento personale: in particolare, in questo caso, *miglioramento transpersonale.*

Risultato? Hai presente *Plain Jane,* il programma su MTV, in cui la bella Louise Roe in ogni puntata accorre in aiuto di una "Plain Jane", ossia una ragazza scialba e insicura che avverte il bisogno di cambiare il proprio aspetto e, *soprattutto,* aumentare la fiducia in se stessa?

Un'intensa settimana di *restyling* radicale – come quella di questo corso di trasformazione – alla fine della quale la giovane (in questo caso, *tu*) affronterà il cambiamento, imparerà ad accettare se stessa e si ritroverà *catwoman* (o *superman* – anche solo te stesso, ma al top delle tue possibilità).

E quando ci sarà qualche intoppo? No problem! Con questa nuova *attitude* scavalcherai, aggirerai o abbatterai qualsiasi ostacolo. E se il traguardo ti appare troppo lontano? Hai l'asso nella manica: la legge d'attrazione…

CAPITOLO 1:
Come realizzare una trasformazione profonda

«Tutto dipende da tutto; tutte le cose sono legate insieme: non c'è niente che sia separato. Se le persone potessero cambiare, tutto potrebbe cambiare».

George Gurdjieff

Se c'è una dipendenza che non fa male è proprio questa: ogni cosa dipende da un'altra. Questo processo – l'interrelazione tra tutte le cose – non si sviluppa, però, secondo un processo lineare, bensì circolare o, in ogni caso, secondo una fitta trama di azioni e retroazioni, anche quando non riusciamo a coglierne la correlazione.

A tal proposito, ecco come si esprime la sapienza indiana: «Se mancasse anche una sola goccia d'acqua, l'intera esistenza avrebbe sete. Quando cogli un fiore, cogli qualcosa dall'intera esistenza; e se fai male a un fiore, fai male a milioni di stelle, perché tutto è connesso».

Osho, il noto maestro indiano, nel citare queste parole sottolinea come il tutto esista come unità organica, non come un insieme meccanico: ogni cosa è in rapporto vivo con ogni altra.

Il concetto non è certo nuovo: io stesso, nei miei precedenti ebook, ho accennato alla cosiddetta rete di Indra. Infatti, benché l'idea di un'interrelazione universale sia presente anche nel Cristianesimo ("Dio è Tutto in tutti"), è il Buddismo a sottolineare il principio dell'origine dipendente di ogni cosa.

Il *presupposto* secondo cui ogni cosa è interconnessa con tutte le altre ha in questo mito un'immagine simbolica di forte impatto visivo: nel palazzo di Indra, re del tuono (analogo al dio Thor della mitologia germanica e scandinava), è appesa una rete di dimensioni cosmiche – in ciascuna delle sue innumerevoli intersezioni c'è un gioiello che riflette tutti gli altri.

I nodi e la rete simboleggiano ogni entità vivente e l'intero ecosistema: il fatto che ciascun nodo sia raffigurato come un gioiello indica che ogni essere è di inestimabile valore. L'azione di riflettere lo splendore degli altri gioielli rappresenta, invece, la profonda correlazione esistente tra ogni entità vivente. Siamo parte gli uni degli altri, nulla è a sé stante: puoi diventare una grande onda, ma resterai sempre connesso con le onde più piccole del mare. Per dirla con John Donne, poeta amante delle metafore, contemporaneo di Shakespeare, nessun uomo è un'isola.

In definitiva, come insegnano i modelli sistemici della psicoterapia, le discipline psico-spirituali e le teorie cibernetiche della pragmatica della comunicazione: Tutto è Uno.

Tutto, non solo nel linguaggio, è inscindibilmente connesso *e ogni variazione influisce su tutti gli altri elementi, mutandoli.* Non solo, ogni sistema (individuo, famiglia ecc.) è superiore alla somma delle sue parti e un cambiamento in una qualsiasi di esse innesca una modifica in tutte le parti del sistema stesso. Per utilizzare la celebre locuzione del linguista di De Saussure: «*tout se tient*».

SEGRETO n. 1: esiste una causalità, non di tipo lineare ma circolare, che può estendersi all'infinito: un cambiamento in un membro del gruppo influenza tutti gli altri membri.

Torniamo alla rete di Indra. Visualizza ora, al posto di ciascun gioiello, un campanellino: immagina di tirare un qualsiasi nodo della rete *e sentirai un trillare di campanelli*. Se prima l'hai percepito in modo visivo – lo splendore dei nodi-gioiello – ora lo senti in modalità auditiva, e anche un po' cinestesica (un brivido sottopelle).

Questo rinforza il concetto secondo cui ogni azione comporta molteplici feedback da parte dell'ambiente circostante – e non solo: il battito di una farfalla a Taranto può provocare un uragano a New York... E se ti venisse in mente di recidere un filo della rete di Indra? Anche qui reazioni a catena, visibili e invisibili.

Questa interrelazione sistemica non è limitata all'ambito spaziale, ma investe anche l'aspetto temporale: infatti, come mette in risalto il modello psicoterapeutico delle Costellazioni Familiari, l'interrelazione sistemica coinvolge la relazione fra una generazione e l'altra – non solo tra genitori e figli, ma anche per salti generazionali.

SEGRETO n. 2: nella rete spazio-tempo ogni cosa dipende da

un'altra, ogni entità comunica con un'altra.

Questa chiave interpretativa, utilizzata nell'ambito dei rapporti umani, è una conferma del fatto che ogni comportamento è una comunicazione. L'approccio sistemico, e quindi la stessa PNL, la quale, più che "riparativa", è sistemica, generativa ed evolutiva e si caratterizza per l'attenzione alla comunicazione, alla relazione e alle potenzialità di cambiamento del singolo e della sua "rete".

La PNL insegna a gestire lo "stato" e a rimanere motivati, grazie a varie tecniche: l'ancoraggio e la *time-line* per accedere a uno *stato risorsa*, lo *swish* per eliminare i *trigger* negativi che impediscono di agire, il re-incorniciamento per mantenere stabile il livello di motivazione, le sub-modalità per accrescerlo. E ti insegna a farlo con un atteggiamento proattivo e non reattivo.

Robert Dilts parla di atteggiamenti *coach* (centrato, aperto, connesso ecc.) e *crash* (contratto, reattivo, separato ecc.). Riguardo all'atteggiamento *coach*, lo definirei anche delta (come quello del fiume: il tuo Io ristretto che sbocca nel grande Sé):
- D = Determinato: fortemente orientato al risultato e

all'obiettivo;

- E = Espressivo: sensibile ed empatico (pensiero divergente);
- L = Lucido: con l'attenzione rivolta verso l'esterno (*uptime*) e l'interno (*downtime*);
- T = Tranquillo: riposato, sicuro di sé, libero da preoccupazioni;
- A = Accurato: logico e programmatico (pensiero convergente).

Riepilogando, quello che assumerai al termine di questo corso sarà un atteggiamento *coach, delta* e, direi, anche *doc:*
- determinato/disponibile;
- osservatore/originale;
- (con)centrato/creativo.

Il terzo acrostico sintetizza qualità riferibili all'emisfero cerebrale sinistro, tipiche del pensiero convergente (o verticale): determinazione, attenzione ai particolari (calibrazione), centratura su di sé e sul momento, focalizzazione sul risultato. D'altro canto, l'acrostico *doc* tiene conto di qualità dell'emisfero destro, correlate al pensiero divergente (laterale): disponibilità verso l'altro, originalità e creatività. In ogni caso, l'utilità degli acrostici (e dei simboli) sta nella loro capacità di evocare immediatamente un'immagine (il *delta* del fiume, il tuo atteggiamento *doc*).

ESERCIZIO n. 1: accendi il simbolo che è in te.
Quando hai bisogno di una scossa, oppure di ricaricarti, *entra in stato alfa, ossia di rilassamento:* schiena e testa allineati in verticale, *fissa la radice del naso* (cioè tra le sopracciglia, in corrispondenza del terzo occhio). Mantieni fisso lo sguardo, finché non inizi a provare del fastidio, poi chiudi gli occhi *e immergiti dentro di te.*

È tutto buio, silenzio assoluto: poi un chiarore, un lieve fruscio, un gorgoglio, un ruscello… Si allarga, diventa un fiume… tu galleggi sull'acqua e, da piccolo piccolo, *all'improvviso diventi un gigante:* come il *delta* del fiume che sfocia nel mare immenso… Oppure, immagina di essere una bottiglia di champagne, o di spumante *doc,* e di colpo: il botto… *e tutti che festeggiano e gridano di gioia*, per il tuo successo, naturalmente.

Come vedi, nella PNL la risorsa principale per la terapia o per il lavoro di miglioramento personale, è l'individuo stesso, che diventa protagonista del proprio percorso di auto-formazione. Questo consente di sperimentare un nuovo senso di autonomia e libertà espressiva, *acquisito grazie all'attivazione di risorse mai esplorate, soprattutto interiori.*

Infatti, la PNL è la scienza (secondo altri, l'arte, il modello, la tecnologia) del miglioramento umano, fondata sull'esplorazione dei segreti della mente: come pensiamo, come sviluppiamo i nostri desideri e alimentiamo le paure, come ci motiviamo e diamo un significato alle nostre esperienze. È in pratica il manuale d'istruzione del cervello (o, in senso lato, della mente), con possibilità di supplementi e lo spirito è l'ultima uscita.

Riguardo a quest'ultimo, senza invischiarci in disquisizioni teologiche, è sufficiente dire che lo spirito è assimilabile al cosiddetto Sé, o *essenza,* ossia la parte superiore (e nascosta) dell'uomo, oggetto d'indagine da parte di psicologi del calibro di Jung e Assagioli e di maestri spirituali di ogni epoca. Il Sé è il *vero* Io: è lui il regista della tua vita, ma il *falso* Io (l'Ego) tende a prendere il sopravvento e vuole fare tutto da solo. L'Ego, da buon attore, indossa varie maschere in base alle circostanze, ma alla fin fine recita sempre lo stesso monologo... E poi, tra Ego e Sé c'è una differenza fondamentale: l'Ego un po' si pavoneggia un po' si ritrae, ma, soprattutto, tende alla separazione e mantiene le distanze dagli altri Ego. Il Sé tende, invece, all'unione e all'empatia.

«La capacità di entrare in sintonia emozionale con un'altra persona, ovvero la capacità di essere empatici, implica il saper cogliere queste coloriture affettive che accompagnano tutta una serie di atteggiamenti ed espressioni individuali, non codificabili verbalmente e razionalmente. Come un antico detto insegna: l'occhio è effettivamente lo specchio dell'anima». Aldo Carotenuto

L'empatia, o rapport (come lo chiama la PNL), è un rispecchiarsi l'uno nell'altro: è un *sentire dentro,* un *patire dentro,* un *sentire insieme,* una *sintonia lirica,* una *compassione interiore e reciproca.* Il rapport aiuta a elicitare (estrarre) l'essenza e a ridimensionare l'Ego: mentre questo ha un atteggiamento di difesa, resistenza o chiusura a riccio. Le caratteristiche dell'essenza (il vero Sé) sono: l'apertura, la propensione verso l'altro e l'amore. L'amore spiana il cammino all'essenza e a quella che è la sua lampada al suo piede: l'intuizione, ossia la potenza cognitiva coniugata con l'immaginazione metafisica. Tutto questo porta all'apertura verso il mondo spirituale, comunque tu lo voglia intendere o chiamare.

Qui non t'insegnerò a elicitare la tua essenza in modo diretto, ma essa verrà a galla grazie alla nuova modalità di pensiero e alla mappa del mondo molto più ampliata, dettagliata e colorata che acquisirai alla fine di questo viaggio. Se ti applicherai con costanza e ti farai impregnare dai concetti e dagli esercizi, il tuo Sé diventerà il centro di gravità permanente e ti condurrà a tanti successi quotidiani.

A proposito di ego ed essenza, o Io e Sé, mentre quest'ultimo tende all'unità e alla centratura, l'Io è frammentato e ballerino. La Psicosintesi parla di tanti mini-Io (*subpersonalità*), quasi sempre in disaccordo tra di loro: ogni parte (così la PNL chiama la singola subpersonalità) vuole prevalere sull'altra e così ci si ritrova a oscillare tra mille comportamenti, anche contraddittori.

A tal riguardo, Gurdjieff parla di una "legione" di mini-Io senza una guida (il centro di gravità permanente: il Sé). Spesso, però, qualche subpersonalità prende il sopravvento: ecco perché c'è la tendenza ad assumere ruoli standardizzati, ossia dei veri e propri "copioni" (come li chiama l'Analisi Transazionale).

SEGRETO n. 3: in te ci sono, tra i tanti mini-Io, Superman e Calimero... Fa' una scelta, trova l'eroe dentro te e modellalo!

Quando il Sé prende il comando della tua vita, il che avverrà se applicherai i contenuti di questo corso, ripescherai l'eroe che giace sul fondo del tuo oceano interiore e svilupperai una percezione di te oltre l'immagine spesso stereotipata o monca alla quale sei radicato. E poiché il Sé non è un'isola, come l'Ego, ma è un Sé in relazione col partner, gli amici, i genitori, i figli, l'Universo ecc., potrai mettere radici, non solo nella terra, ma anche in cielo.

Perché ho detto cielo?
Come sai, ci sono tre approcci alla realtà: l'approccio empirico, quello logico e quello metaforico. Il primo consiste nell'accettare

solo ciò che è dimostrato con la sperimentazione: è il metodo scientifico, quello che ci ha consentito di progredire materialmente. C'è poi l'approccio proprio della mente logica: quello deduttivo, basato sul puro sforzo mentale. Infine, c'è l'approccio metaforico: quello della poesia, della religione e della spiritualità. È quest'ultimo che ci consente di alzarci da terra per volare in cielo.

Infatti, la scienza non può andare al di là dell'oggetto, ossia oltre il mondo dei sensi: quello delle rappresentazioni VAK (visivo, auditivo e cinestesico). La filosofia rimane, invece, nell'ambito del soggettivo, cioè delle rappresentazioni mentali e, come ben sai, postulato base della PNL, *la mappa non è il territorio*. Di contro, la metafora va al di là del soggettivo e dell'oggettivo: pur rischiando, al pari dell'approccio spirituale, di farti prendere lucciole per lanterne, può tuttavia, come direbbe Nietzsche, *far generare dal caos una stella danzante*.

Ma soprattutto, l'approccio metaforico può ampliare il panorama delle tue scelte e strategie: ti fa pescare nel caos interiore delle infinite possibilità (l'inconscio), consentendo la tua piena realizzazione e, di conseguenza, una migliore qualità della tua vita personale e professionale.

Se, infatti, rimani circoscritto al solo paradigma scientifico, il più in voga perché ritenuto l'unico moderno e affidabile, rischi di bloccarti davanti a ogni difficoltà non superabile con i soliti sistemi: quelli razionali, pratici, consueti e convenzionali, che ti fanno operare in modalità pensiero convergente.

Se invece agisci *anche* in base al pensiero divergente, per libere associazioni e in modo esplosivo, aumenterai le tue chance: applicherai, infatti, una legge fondamentale della cibernetica, fatta propria dalla PNL, cioè la legge della varietà indispensabile. Secondo quest'ultima, in un sistema, l'elemento più flessibile ed eclettico ha la maggiore possibilità di gestire il sistema stesso.

In pratica, maggiore flessibilità e varietà applicherai nei tuoi comportamenti, più opzioni avrai a disposizione e più facilmente raggiungerai gli obiettivi. Non solo, più in alto miri, maggiore probabilità di successo, e in tempi più rapidi, avrai nelle tue scelte di vita e nei tuoi comportamenti quotidiani.

È come per il salto in alto: se, poniamo, un atleta ha un limite personale di 1,90 metri e vuole superarlo, farà bene ad allenarsi collocando l'asticella, non a 1,91 metri, ma a 2,00 m. In questo modo avrà molte più possibilità di raggiungere il traguardo del metro e novantuno e in tempi decisamente più brevi, ancor prima se utilizzerà anche tecniche di visualizzazione. Conclusione: alza la posta, alza l'asticella!

SEGRETO n. 4: per facilitare e fluidificare il raggiungimento dei tuoi traguardi, dovrai applicare la legge della varietà indispensabile, elevare l'obiettivo e visualizzarlo vividamente.

Quindi, per risollevare la tua autostima e il tuo senso di auto-efficacia, devi alzare l'asticella: meglio ancora, devi salire sul trapezio e volteggiare a dieci metri di altezza. Correre dei rischi fa crescere l'autostima.

Due sono, quindi, i presupposti per agire efficacemente ed efficientemente, ossia con i feedback prefissati e senza sforzo: massima varietà comportamentale e massima apertura mentale. E soprattutto, *mira alle stelle.*

Slegati la testa (e le gambe) e parti!
Tutto questo dovrai farlo con il giusto atteggiamento e la giusta comprensione, cioè, con un'attitudine positiva ed ecologica. Il tutto condito da impegno e, soprattutto, motivazione. Spesso, però, sbuca il Calimero che vive dentro di te e vedi tutto nero. D'altronde, per dirla con un aforisma di Roberto Gervaso: «È difficile non essere pessimisti, visto come va a finire...». Ma d'ora in poi finirà decisamente meglio!

In ogni caso, per sicurezza, se hai un momento di stallo o le pile scariche, ripeti mentalmente frasi motivanti come:

- **Ciò che sono è quello che scelgo di essere: il modo in cui vivo è quello che scelgo di vivere.**
- **Ho il potere di cambiare la realtà ogni volta che mi focalizzo sulle credenze che mi potenziano, e non su quelle che mi limitano.**
- **Così come le esperienze passate condizionano le mie azioni, lo stesso accade se ogni giorno mi applico a visualizzare il mio futuro desiderato.**
- **Devo farlo subito, non devo rinviare: «Procrastinare è come avere una carta di credito: ci si diverte un sacco finché non**

arriva il saldo». (C. Parker).

Ancora meglio, scrivi le frasi su un foglietto e, di tanto in tanto, rileggile. Anzi, visto che siamo in ballo, scrivi sull'altro verso del foglietto i dieci principi di Og Mandino, uno dei più grandi scrittori motivazionali del '900:

1. *Oggi inizio una nuova vita.*
2. *Saluterò questo giorno con l'amore nel cuore.*
3. *Persisterò fino al successo.*
4. *Io sono il più grande miracolo della natura.*
5. *Voglio vivere questo giorno come se fosse l'ultimo.*
6. *Oggi sarò padrone delle mie emozioni.*
7. *Riderò al mondo.*
8. *Oggi centuplicherò il mio valore.*
9. *Agirò adesso.*
10. *Pregherò perché mi sia indicata la via.*

La prima cosa che devi fare ora che hai iniziato questo percorso, è prendere una decisione vincolante, stabilendo i tuoi obiettivi e mettendoli per iscritto (è più efficace che tenerli solo a mente). Perché questo? La tua decisione deve essere un impegno con te stesso: una promessa formale che, specie se posta in forma scritta, elimina, salvo aggiornamenti, tutte le opzioni alternative.

Scrivendo i tuoi obiettivi, porrai altresì una barriera contro tutti i *se*, *ma*, *forse* e *vedremo* della tua mente e i condizionamenti imposti dalle emozioni e dalle pressioni esterne. Una volta fissato un traguardo, lo trasformerai in un'immagine che ne simboleggi il contenuto emotivo, come nell'esercizio n. 1. Dopo di che potrai passare, come vedremo, ai film mentali ma non quelli paranoici che, spesso, ci creiamo e che bloccano il nostro cammino verso il successo.

Agire adesso, cercare la via, mirare alle stelle slegarsi la testa, avere le pile scariche, focalizzarsi... Tutte queste sono "verbalizzazioni" motivanti: il verbo è, di per sé, più "dinamico" della semplice nominalizzazione, cioè del solo sostantivo, e tende a energizzare chi ne fa un uso frequente.

C'è chi verbalizza, chi parla al presente, chi si proietta nel futuro, chi rivanga il passato: come vedi, o hai sentito dire (o senti dentro di te: ognuno ha le sue modalità rappresentazionali, che può intensificare o diminuire secondo le circostanze), le persone hanno il loro modo di parlare e rappresentarsi la realtà.

Tuttavia, puoi cambiare il comportamento *cambiando il tuo modo di esprimerti e attraverso nuove esperienze* (le fasi neuro-linguistiche e di riprogrammazione della PNL). Il processo è questo: nuova credenza → nuova esperienza. I conseguenti step saranno: nuove credenze, nuove esperienze, nuove sensazioni, nuove emozioni, nuovi pensieri, *nuova vita…*

Sono i pensieri a creare le sensazioni (le sensazioni sono i riflessi dei pensieri) ma a volte il processo è così veloce che non ti accorgi dei pensieri, ma balzi direttamente alle sensazioni. Come afferma il naturopata Michael Ryce, fondatore di un istituto di auto-guarigione: «Le tue sensazioni t'informano sulla natura dell'impatto dell'energia dei pensieri sul tuo organismo: se provi dolore, significa che stai commettendo un errore (…) cambia i pensieri e cambierai le sensazioni…».

Allo stesso modo, trattandosi anche qui di un processo sistemico con azioni e retroazioni (quindi, l'ordine può variare) se è vero che occorre credere per vedere, spesso devi fare come san Tommaso, ossia: vedere, sperimentare, *toccare con l'evidenza*. Il più delle volte, solo dopo aver fatto esperienza di un successo, anche piccolo, riuscirai a cambiare atteggiamento.

Come afferma Ronald Laing, «la fede, nel senso di ipotesi inattendibile sostenuta irrazionalmente, non ci soddisfa: *all'esperienza chiediamo l'evidenza*». Ed è quello che accadrà, se seguirai con fiducia, intenzione e attenzione questo corso: ben presto avrai dei primi risultati soddisfacenti, delle evidenze che metteranno in moto il tuo ego-drive, ossia daranno una salutare scossa alla tua autostima e t'invoglieranno a proseguire il percorso. Morale della favola (o del corso): *più ego-drive meno ego-stress*.

ESERCIZIO n. 2: esercizio smile.
Prova a coltivare un pensiero negativo per qualche minuto, poi guardati allo specchio... Ti vedrai avvolto da un alone scuro: la fronte aggrottata, gli occhi privi di luce, le spalle cadenti... Sono stati i tuoi pensieri a produrre questo look.

Alimenta adesso per qualche minuto un pensiero positivo: apri il tuo libro dei sogni, accedi a un bel ricordo, riaccendilo...fa' una vacanza lampo in un'isola tropicale...Guardati ora di nuovo allo specchio: c'è luce dentro e fuori di te – le spalle aperte, gli occhi che brillano, il viso luminoso...Conclusione, smile!

Ridi ogni volta che puoi, ricorda Joe Vitale, da cui ho tratto il suggerimento per l'esercizio dello specchio. Ridi anche forzatamente, non importa, ma fallo per diversi secondi, più volte al giorno (almeno tre, io direi multipli di tre). Fa' delle belle risate di pancia, a letto, sotto la doccia, in ascensore (se sei da solo...), ovunque... Migliorerai anche i tuoi processi di memorizzazione.

In ogni caso, per poter iniziare il "cammino", ribadisco, devi superare i tuoi limiti e uscire fuori dalle tue gabbie mentali. A tal proposito è quanto mai illuminante questa breve storia: una signora decide di cambiare l'acqua della vaschetta dei pesci rossi, per cui li trasferisce provvisoriamente nella vasca da bagno. «Per loro non sarà certo uno shock – ragiona fra sé e sé – anzi, godranno di uno spazio di gran lunga maggiore!»

Quando va a riprenderli, si aspetta di trovarli sparpagliati nella vasca da bagno e invece ... se li ritrova a nuotare in un angolino di dimensioni pari alla loro vaschetta.

Ecco il risultato dei legami, visibili e invisibili! È come per quel cucciolo di elefante cui avevano legato una zampa a un piolo verticale, per cui era costretto a muoversi in uno spazio ristretto. Una volta adulto, l'elefante, diventato ormai un bestione capace di sradicare alberi e calpestare qualsiasi cosa gli si parasse contro, avrebbe potuto facilmente scalzare il piolo e uscire dalla sua (un)comfort zone: ma l'abitudine, la sua ben nota memoria (da elefante), i legami invisibili del passato... lo bloccarono. Insomma, si ritrovò, come i pesciolini rossi (di ben altra stazza), a continuare a girare in tondo nel suo piccolo cerchio.

SEGRETO n. 5: potrai cambiare solo se supererai i tuoi limiti, reciderai ogni legame mentale e uscirai dalle tue gabbie comportamentali.

Ma come fare a recidere un legame? Aggiungendone un altro... Si tratta del famoso doppio legame, una delle tecniche paradossali utilizzate da Milton Erickson, sulla scorta degli studi dell'antropologo, e maestro di pensiero, Gregory Bateson. E lo utilizzerò anch'io con te…

OK, stop, fa' un attimo di pausa: forse ti sto dando troppe informazioni alla volta, ma ogni nozione, osservazione ed esercizio di questo corso serve a tracciare nuovi percorsi sinaptici, utili per ampliare il tuo mondo interno e la tua visione del mondo. Nella misura in cui la tua visione si allarga, anche il mondo si allarga.

Infatti, la tua mappa del mondo nasce dall'incontro tra il tuo mondo interno e ciò che accade all'esterno di te: se introietti nuovi dati, questi input modificheranno anche i tuoi output e, quasi magicamente, vedrai anche il mondo esterno cambiare (non per niente il primo, fondamentale, libro di Bandler e Grinder si chiama *La Struttura della Magia*). Senza dimenticare che hai già quasi tutto dentro di te: io ti sto solo aiutando a tirarlo fuori.

Ho detto stop: quindi, a questo punto (e anche in seguito) rileggi tutto, soffermati, medita, fa' le tue osservazioni, integra con i tuoi contenuti, tira fuori nuove idee, fatti avvolgere e, soprattutto, fatti permeare dall'atmosfera dell'ebook. Quasi senza accorgertene, noterai progressivi cambiamenti (come accadeva ai clienti di Milton Erickson).

Bene, visto che abbiamo fatto un *pit-stop,* qualche cenno sul doppio legame cui ho accennato prima. Si tratta di una situazione in cui la comunicazione tra due persone in *rapport* mostra un'incongruenza tra il livello del discorso esplicito (il verbale) e quello di metacomunicazione (paraverbale e non verbale: tono di voce e atteggiamenti). Il destinatario non può, quindi, decidere quale dei due livelli del messaggio ritenere valido, dato che si contraddicono.

Sii spontaneo! Ecco un tipico doppio legame. Ma di esempi potrei farne a iosa. Il doppio legame pervade l'intera società: tutti, chi più chi meno, ne siamo fautori e vittime. Ma, come al solito, un problema può capovolgersi in un'opportunità, cioè, nel nostro caso, in una strategia utile. A tal proposito pesco dai ricordi di Milton Erickson.

«Un giorno invernale, con temperatura sotto zero, mio padre fece uscire dalla stalla un vitello per portarlo all'abbeveratoio. Dopo averlo dissetato, ripresero la via della stalla, ma quando giunsero alla porta l'animale puntò testardamente i piedi e non volle saperne di entrare, nonostante gli sforzi disperati di mio padre che lo tirava per la cavezza. Io stavo giocando con la neve e, al vedere quella scena, scoppiai in una gran risata. Allora mio padre mi sfidò a fare entrare il vitello nella stalla. Visto che si trattava di una resistenza ostinata e irragionevole da parte dell'animale, decisi di dargli la più ampia occasione di continuarla secondo quello che era chiaramente il suo desiderio. Di conseguenza lo posi di fronte a un doppio legame: lo presi per la coda e lo tirai fuori dalla porta della stalla, mentre mio padre continuava a tirarlo verso l'interno. Il vitello decise subito di opporre resistenza alla più debole delle due forze e mi trascinò nella stalla».

Questo è proprio ciò che sto facendo con te e che tu farai con le tue resistenze al cambiamento. E cerca di fissarti in mente le immagini dei pesciolini rossi, dell'elefante, del vitello e delle metafore e storie che troverai in seguito (altri esempi li troverai ne *La PNL per tutti i giorni*). Richiamale di tanto in tanto: ti forniranno utili spunti di riflessione e ti sproneranno al cambiamento.

ESERCIZIO n. 3: volontà vs desiderio.

Visualizza questo scenario (fallo davanti a ogni situazione problematica: ne avrai più di un'occasione!). Ti trovi davanti alla prospettiva di un cambiamento (questo stesso corso) ma non te la senti di entrare. La tua volontà vuole tirarti dentro al cambiamento, ma tu resisti, scalci, nitrisci... Immagina ora che il desiderio, sotto forma di una bella fanciulla (o di un baldo fustacchione), ti accarezzi la coda ...pardon, i capelli: ti blandisce, t'invoglia, si attacca alla tua folta chioma (per chi ce l'ha). Tu non fai più resistenza, ti lasci andare, entri dolcemente nel cambiamento sospinto dalla languida forza del desiderio.

Se Assagioli considerava la volontà la *Cenerentola della psicologia*, io considero il desiderio come il bacio del principe alla bella addormentata. Ma anche Cenerentola ha bisogno del bacio... Il desiderio, come l'immaginazione e la visualizzazione, prevale sulla volontà, ma quest'ultima, intesa come impegno e padronanza di sé, è fondamentale per interagire in modo proattivo col mondo, anziché essere vittima delle circostanze.

SEGRETO n. 6: volontà e desiderio sono il polo maschile e femminile sia dell'attenzione che dell'intenzione, i due principali "motori di ricerca" del traguardo.

Come afferma la sapienza sufi (la tradizione mistica dell'islamismo, come la Kabbalah lo è del giudaismo), la volontà è lo sviluppo del desiderio, ossia desiderio in azione. L'attenzione è il processo mentale che ti permette di filtrare dalla quantità di stimoli ricevuti quello che t'interessa, come quando, in mezzo a una folla, all'improvviso ti accorgi di una bella ragazza. La concentrazione ti consente di mantenere l'attenzione sulla fanciulla e, se sorretta dagli ingredienti giusti (autostima, forza dell'Io, motivazione, senso di auto-efficacia, buona immagine di Sé ecc.), ti farà nascere l'intenzione di fermarla.

In ogni caso, forzare la mente a prestare attenzione è del tutto inutile: occorre, piuttosto, liberarla da ciò per cui non si nutre interesse, per poi lasciarsi assorbire dall'immediatezza, il *qui e ora*, volgendo la mente e l'attenzione al compito.

ESERCIZIO n. 4: il tappeto volante.

Siediti a terra, oppure su una sedia, con la schiena diritta e i piedi a terra (in alternativa, gambe incrociate e mani in grembo: il dorso dell'una sul palmo dell'altra, con i pollici che si toccano). Chiudi gli occhi e respira profondamente... Immagina di sollevarti in aria (anche con la sedia) e di rimanere sospeso, come su un tappeto volante... Una volta raggiunto un senso di rilassamento, inspira gonfiando la pancia: trattieni per qualche secondo e poi espira a lungo. Respira seguendo questo ritmo: 1,2,3 (inspira) – 1,2,3 (trattieni) – 1,2,3,4,5,6 (espira). Fa' questo per dieci volte e poi ridiscendi a terra... Ripeti ora l'esercizio associandovi una visualizzazione statica (o "riproduttiva"), cioè relativa a un oggetto reale.

ESERCIZIO n. 5: l'album delle foto.

Guarda un oggetto o una fotografia che ricordi o simuli l'obiettivo che ti sei proposto (un viaggio, un lavoro ecc.). Rilassati come nell'esercizio precedente, poi riapri gli occhi e fissa per almeno tre minuti l'oggetto... Sbattendo il meno possibile le palpebre, cerca di rilevare nell'immagine, o nell'oggetto, quanti più particolari possibili. Socchiudi poi gli occhi ed entra in uno "stato di flusso" (flow state: coinvolgimento emotivo, distorsione temporale, stato liquido, piacere, appagamento…) e torna a fluttuare in aria…

Questi esercizi sono propedeutici a quelli di visualizzazione dinamica, ossia senza l'uso di immagini concrete di supporto, e in modalità film (con *happy end* finale, *non solo nel sogno*).

«Per tornare occorre partire, l'arresto ha bisogno del moto, il rilasciare segue il trattenere, perché ognuno nasce dall'altro (…) mutate per conoscere l'immutabile, vuotatevi per divenire colmi. Di momento in momento la mente inganna la mente (…) spalancate oppure serrate le porte della mente. La mente colma coincide con la mente vuota». Ray Grigg

Rimanendo in tema di bipolarismo (polo maschile e polo femminile: senza questa coppia nulla, o quasi, è possibile), se ho parlato di apertura mentale, in alcuni casi occorre serrare le porte della mente: *solo così si apriranno le porte della percezione*, per dirla con Aldous Huxley (e i Doors).
Ma devi anche svuotare la mente: lo svuotamento della mente è,

infatti, condizione necessaria perché si possano aprire le porte della percezione. In questo modo, aumenterai la capacità intuitiva, uno dei fattori chiave per il successo (raggiungimento di traguardi, incontri fortunati, occasioni colte al volo ecc.).

Lo svuotamento della mente e il controllo e la gestione dei pensieri che, più che cacciati, devono essere osservati, accolti senza soffermarsi su di essi, lasciati andare e congelati, è stato oggetto del secondo capitolo del mio precedente ebook *La PNL Olistica* (nel primo capitolo ho parlato della gestione delle emozioni, la prima tappa del cambiamento).

Dell'aumento delle capacità intuitive e delle immense potenzialità della visualizzazione ho parlato nel terzo capitolo. In questo corso sto ponendo l'accento proprio sul lato metaforico, simbolico e spirituale dell'uomo e sulle immense possibilità di miglioramento che otterrai ampliando la tua mappa del mondo.

Naturalmente, non ti dico di prendere questi nuovi dati (se non altro poco considerati) per oro colato: non devi necessariamente considerarli veri, ma devi agire come se fossero veri. Devi operare con curiosità e immaginazione, in modalità divergente: d'altronde la PNL è, soprattutto, «un atteggiamento di curiosità smodata e una metodologia che va oltre uno schema di tecniche». (Richard Bandler).

SEGRETO n. 7: per la PNL quello che vale, e funziona, non è la veridicità del modello, ma la sua utilità ai fini del risultato che si vuole conseguire.

La PNL prevede, per l'appunto, l'ampliamento della propria visione del mondo: del resto, una mappa ti è utile nella misura in cui ti aiuta a trovare la strada per la tua destinazione! Dovrai considerare quanto ti dirò come delle presupposizioni e delle cornici: in particolare, cornici di scoperta, atte a introdurti a nuove e più efficaci opzioni e possibilità. E cosa importante: sospendi il giudizio!

Un altro fattore importante è che la capacità di appagare i tuoi desideri avvenga senza sforzo: «Armonia è azione senza sforzo» sosteneva Platone. Per questo ti saranno sommamente utili gli esercizi e le tecniche di visualizzazione.

Il miglior atteggiamento vincente è win-win (che potremmo definire ecologico) e wu wei, ossia di azione senza azione: azione razionale, senza sforzo, armoniosa e armonica, con perfetto allineamento dei livelli logici (la scala di Dilts).

«La vita non deve essere per forza difficile (…) Molti pensano di dover combattere e lottare. Non è vero … Sì, la vita può essere difficile, ma può essere anche facile: la differenza sta nel modo in cui guardi le cose». Joe Vitale

Sì, la vita può essere facile.
Le tre chiavi sono:
- *Focalizzati su ciò che vuoi*
- *Agisci per realizzarlo*
- *Credici*

E quando sei così giù che non ce la fai a focalizzarti su niente? Ripeti a te stesso, mentalmente o gridando: «Questo è dove sono, non chi veramente sono!» «Ho perso una battaglia, ma vincerò la guerra!» E io aggiungo: «Riprogramma la tua vita per il successo!» Quello che conta è, non tanto partecipare, quanto vincere.

Dovrai, comunque, vincere senza subire perdite significative (anche se le prove aiutano a forgiare il tuo carattere). Infatti, come si legge nell'*Arte della guerra*, di Sun Tzu, un must per professionisti e imprenditori rampanti: «In guerra quello che conta è vincere», tuttavia «lunghe operazioni spuntano le armi e abbattono il morale, e l'assedio di una città esaurisce le forze (...) Se le armi sono rovinate, il morale è basso, le forze cedono e le finanze sono in via di esaurimento...».

SEGRETO n. 8: se raggiungi i tuoi obiettivi vuol dire che sei efficiente; se li raggiungi con il minimo sforzo possibile sarai anche efficace.

Per vincere occorre, come abbiamo visto, essere spinti dalla volontà e dal desiderio: la forza che fa meno resistenza (come nel racconto di Milton Erickson) spinge più velocemente verso il cambiamento, in questo caso il desiderio inteso come forte motivazione, anelito e volontà fluida.

Naturalmente, qui intendo il desiderio, non nell'accezione negativa del buddismo (il desiderio come sete insaziabile che provoca sofferenza), ma nel senso di impulso volitivo diretto verso un oggetto o un obiettivo, accompagnato da sensazioni ed emozioni gradevoli e coinvolgenti. L'attivazione "controllata" del desiderio è il fuoco che ti consente di focalizzarti sull'obiettivo e accendere l'entusiasmo necessario a correre verso di esso come un centometrista.

Il desiderio, per come lo intende la PNL olistica e transpersonale, provoca entusiasmo: desideri rivivere momenti eccitanti della tua vita, rievochi situazioni piacevoli, evochi momenti futuri di una tua possibile vita desiderata. «Solo chi riesce a vedere l'invisibile riesce a fare l'impossibile». Frank L. Gaines

Insomma, il desiderio ti fa andare dalle stalle alle stelle (ricorda che in "desiderio" c'è la radice "sidera", cioè stelle, così come avere entusiasmo significa, etimologicamente, *avere Dio dentro*).

Torniamo, con maggior entusiasmo e desiderio, al presupposto di base di questo corso: tutte le cose sono in relazione tra di loro.

Questo vale anche per l'uomo e, in particolare, nel rapporto (o conflitto) tra i due attori principali: Io e Sé. Nel secondo capitolo parlerò, infatti, dell'immagine di sé, ovviamente per migliorarla. Infatti, solo avendo con te questo biglietto di accompagnamento potrai iniziare con il piede giusto questo percorso evolutivo di *self-actualization* (autorealizzazione), come lo chiama Maslow, ossia di individuazione e autoformazione, per usare invece il lessico di Jung e Assagioli.

Naturalmente, come illustrano efficacemente la piramide di Maslow, le dinamiche a spirale di Graves, la teoria dei sei bisogni di Robbins e la scala dei livelli logici di Dilts, l'uomo tende, innanzitutto, a soddisfare i suoi bisogni di base. Solo dopo s'interesserà alla propria realizzazione. In ogni caso, prima devi calmarti mentalmente ed emotivamente, poi potrai pensare alla tua realizzazione.

Se Dilts parla di scala logica (o neurologica), Deepak Chopra, il noto medico e maestro di pensiero di origine indiana, parla di sette fasi di evoluzione che l'uomo deve affrontare per raggiungere uno stato di pienezza o realizzazione:

1) Fase dell'innocenza.
2) Sviluppo dell'Ego.
3) Ricerca del successo.
4) Fase del dare agli altri.
5) Ricerca della Divinità.
6) Vedere la Divinità.
7) Realizzazione dello Spirito.

Nella fase 1 il Sé è oceanico: nella fontanella, ancora aperta sul capo del neonato fino all'età di un anno, confluisce tutto il caos del mondo circostante (è un'immagine simbolica, ma, come ogni simbolo, nasconde un fondo di verità). Tuttavia, manca, o è ben poco sviluppato, il senso dell'Io. Nelle fasi 2 e 3, le più comuni, è l'Io (Ego) a dominare. Nelle ultime quattro fasi, corrispondenti al quinto e, soprattutto, al sesto e ultimo gradino della scala di Dilts, prevale il Sé.

La scala di Chopra, specie nelle fasi 6 e 7, tocca vette metafisiche: l'uomo realizzato ha una comunione intima con tutto l'universo, visibile e invisibile. È come se si riaprisse, virtualmente, la fontanella. L'apertura virtuale della fontanella corrisponde:

- nella fase 6 al sesto chakra: *ajna* – ma del terzo occhio (l'occhio della fede) parlano i mistici di ogni religione;
- nella fase 7 al settimo chakra: *sahasrara* (il loto rovesciato dai mille petali).

In ogni caso, non è qui mia intenzione approfondire tematiche spirituali, anche se già la scala di Dilts se ne occupa, quanto piuttosto risvegliare la tua parte nascosta. Tutto ciò a fini pratici: per aiutarti ad accrescere il tuo benessere e farti raggiungere in maniera accelerata i tuoi obiettivi con il *manifesting,* grazie al quale passerai dall'astratto (il sogno) al concreto (la sua realizzazione).

Esercizio n. 6: la riapertura della fontanella.
Entra in stato alfa fissando la radice del naso fino a provare del fastidio, poi chiudi gli occhi e sprofonda in te. Visualizza una corrente di energia proveniente dal suolo che passa per i tuoi piedi, i polpacci, le gambe, il bacino... Poi ancora su... su per il tronco, le spalle... poi giù per le braccia fino alle dita... poi di nuovo su per le braccia... Di nuovo su per le spalle, il collo, il viso, il cuoio capelluto... All'improvviso un botto, come da tappo

di champagne: la fontanella si riapre e... cascate di energia frizzante, rinvigorente, energizzante, entrano dalla fontanella. È energia luminosa, cosmica, divina... che viene dall'Alto e si mescola con l'energia che viene dal basso. Ti senti un altro, sei un altro: rigenerato, scoppiettante, trasformato... Ora puoi ogni cosa!

Il fatto che si ricominci a parlare di spirito, dopo tanti secoli di dominio della ragione, non deve sorprenderti più di tanto. Ma perché ora se ne può ricominciare a parlare liberamente, senza necessariamente crederci alla lettera? Direi, soprattutto, per un motivo sociologico: prima c'è stata la smania del possesso, ossia dell'avere. Poi, negli anni '80, lo sbandieramento dell'apparire (l'edonismo reaganiano, di cui parlava Roberto D'Agostino). Ora, finalmente, dopo l'insostenibile leggerezza dell'essere, si sta passando, sia pure a fatica, al tempo dell'essere.

Questa transizione è sostenuta da una motivazione psicologica, direi esistenziale: nonostante sia circondato da tante cose, si immerga in mille altre cose e sia sommerso da montagne di stimoli, l'uomo d'oggi è sostanzialmente solo. Questo senso di solitudine, di asfissia collettiva e di mancanza di senso, può trasformarsi in una grande opportunità. Per dirla con il maestro di aforismi Nicolás Gómez Dávila: «nella sua più profonda solitudine l'uomo può di nuovo percepire lo sfioramento di ali immortali».

Molti sono i segnali di questo processo di trasformazione, e la PNL è uno di questi. Diversi maestri di pensiero, come Jung, Assagioli, Gurdjieff, Krishnamurti, Osho, Almaas, Aldous Huxley ed Erich Fromm (suo il ben noto Avere o Essere?), hanno ripreso, aggiornandoli, termini e concetti come: essenza, spirito, sé superiore, sé transpersonale. Con la loro trasgressione (trans-gredire: andare oltre), questi maestri hanno fornito un'applicazione della legge della varietà indispensabile. Ma la PNL, dirai, può avere un lato transpersonale? Certamente!

Innanzitutto, la psicologia transpersonale (Assagioli, Ferrucci, Wilber, Grof, Pierrakos), con i suoi esercizi meditativi, è un ottimo ausilio per la scoperta del Superconscio e del Sé transpersonale, ossia del mondo spirituale, che l'uomo, non solo può comprendere, ma con cui si può relazionare.

La psicologia transpersonale aiuta ad ampliare la consapevolezza e a strutturare in modo più completo il proprio Io e la personalità.

Tutto ciò vale anche per la PNL, che, come sai, dà più valore alla struttura (il come) che ai contenuti e le cause (il cosa e il perché). Suo scopo è raggiungere il traguardo, anche con mezzi non sempre condivisibili a livello di credenze (il famoso *come se*).

D'altronde, lo stesso Robert Dilts, uno dei suoi più accreditati esponenti, sostiene che la PNL, essendo orientata al risultato (*solution focused*) e studiando l'esperienza soggettiva, può interessarsi anche alla spiritualità.

SEGRETO n. 9: un approccio spirituale è in grado di suscitare esperienze soggettive potenti e potenzianti, può favorire lo svolgimento della vita quotidiana e influire sul successo personale.

Il successo può essere definito, con Deepak Chopra, «la massima espansione della felicità e la progressiva realizzazione di obiettivi meritevoli», ossia la piena realizzazione dei propri obiettivi e delle proprie potenzialità in uno specifico momento.

Non sempre il successo sarà, però, istantaneo: il più delle volte è progressivo, a salti (in alto o in lungo) o a piccoli passi, con diversi pit-stop e, in qualche caso, cadute o scivoloni. In ogni caso, non correre sempre, ogni tanto fermati! Goditi l'attimo, vivilo intensamente... Di tanto in tanto, ripeti le parole del Faust di Goethe: «Fermati attimo... sei bello!»

«Esiste solamente un periodo nel quale la gente può essere felice, nel quale si può sognare e fare piani e avere sufficiente energia per realizzarli, a dispetto di tutte le difficoltà. Un solo periodo nel quale le persone possono incantarsi con la vita e vivere appassionatamente con l'entusiasmo degli amanti e il coraggio degli avventurieri. Una fase dorata nella quale si può creare la vita a immagine e somiglianza dei nostri desideri. E sorridere e giocare e cantare e danzare e vestirsi con tutti i colori del mondo e sperimentare tutti i sapori, godere di tutto con tutta l'intensità possibile, senza preconcetto né pudore.

Tempo nel quale ogni limitazione umana è solamente un invito a

crescere, una sfida a lottare per qualche cosa di nuovo e tentare di nuovo e di nuovo quante volte sarà necessario. Questo periodo così speciale e così unico si chiama presente e ha appena la durata dell'istante che passa, dolce passero del qui e adesso che quando ci si accorge di lui è già volato via e non tornerà mai più».
Geraldo eustáquio de souza

Tuttavia, non è solo questione di tempo, ma anche di luogo: luogo esterno (ambiente, comportamenti, capacità). Luogo interno (convinzioni, credenze, vision, mission); nel primo caso prevale l'Ego, nel secondo si affaccia il Sé.

Dove, quando, come, cosa, chi, con chi, per chi?
Sono queste alcune delle domande cui devi rispondere quando utilizzi lo strumento dei Livelli Logici. La Scala di Dilts ti sarà di grande aiuto nell'intervenire su questi luoghi: grazie a essa potrai fare operazioni di manutenzione straordinaria, se non una vera e propria rigenerazione.

Riguardo a questi ultimi termini, da ingegnere amante dell'architettura, mi trovo spesso a tu per tu con temi come restyling e rigenerazione urbana: so quindi bene che queste operazioni coinvolgono, non solo l'ambiente, ma anche i comportamenti sociali e la visione della città.

Infatti, oltre a quelli **ambientali,** ci sono i **fattori cognitivi** e la **visione del mondo.** Ma non è tutto oro quello che luccica: tu, come ogni individuo, sei a forte rischio bio-psico-sociale. Ci sono, infatti, delle *yellow flags* (bandiere gialle, ossia segnali di pericolo), per le quali, talvolta, si usa l'acronimo ABCDEFW:

- *Attitude* (atteggiamento generale, visione del mondo)
- *Behaviour* (comportamento);
- *Compensation Issue* (contraccolpi);
- *Diagnosis* (diagnosi);
- *Emotion* (emozione);
- *Family* (famiglia);
- *Work* (lavoro).

In PNL, riguardo a questi fattori bio-psico-sociali, si parla di livelli logici: la loro introduzione si deve a Gregory Bateson (mentore, insieme a Virginia Satur, di Richard Bandler e John Grinder), mentre il suo sviluppo si deve a Robert Dilts. Secondo questo modello olistico-sistemico, essendo il cervello organizzato in diversi livelli di elaborazione, è possibile individuare il livello su cui intervenire per cambiare comportamenti (p. es. abitudini posturali), convinzioni limitanti ed eventuali credenze forvianti.

I livelli neurologici (o logici) sono sei:
- Ambiente - (Dove? Quando? Dove accade? In che occasione?)
- Comportamenti - (Cosa? Cosa fai in quella situazione?)
- Capacità - (Come? Con quali strumenti pensi di fronteggiarla?)
- Convinzioni/Credenze/Valori - (Perché? Quale motivo ti spinge?)
- Identità - (Chi sei tu? Raccontami di te.)
- Spirito - (Con chi? Cosa vorresti essere se tu potessi cambiare il mondo?)

Gli ultimi due livelli orientano la tua vision e mission. A livello d'identità si trova la chiave per passare dalla modalità avere alla modalità essere, di cui ho parlato poco fa.

È questo il momento di fare un altro pit-stop. Chiediti: a quale livello si genera il problema che t'impedisce di ottenere i risultati che vuoi ottenere? Se è generato dall'ambiente, la domanda è: dove e quando?

Poniamo che ti venga il mal di schiena quando indossi tacchi alti, oppure ti fanno male gli occhi se ti trattieni davanti al computer (Dove?) per più di due ore (Quando? Quanto tempo?). In questo caso l'ambiente *tacchi alti*, oppure *computer*, genera le condizioni necessarie allo sviluppo del mal di schiena o del fastidio agli occhi.

Il problema, in ogni caso, non è l'ambiente (la schiena, i tacchi, il pc), ma la relazione tra te e l'ambiente (ogni cosa è collegata, *tout se tient*): infatti, quel determinato stimolo ambientale non genera sintomi su tutte le persone, ma solo su di te. Questa considerazione vale per tutti i livelli della scala di Dilts.

Non tutti i livelli hanno lo stesso peso
I livelli più alti hanno un peso maggiore rispetto a quelli più bassi: per questo, per risolvere radicalmente un problema o attuare un cambiamento, è necessario operare a un livello più alto rispetto a quello in cui si trova il problema.

Nel caso precedente – il problema dei piedi indolenziti a causa del tacco 12 – una soluzione potrebbe essere: passa a delle comode ballerine! Tuttavia, se non intervieni a livello di identità, cioè a livello 5, dopo un po' ritornerai ai tacchi alti e ai piedi gonfi e lividi.

Devi, quindi, agire sull'identità: potrai ridefinire la tua immagine di te, accettando, oltre al ruolo sexy, anche quello sportivo (sneakers), oppure da intellettuale, donna in carriera, o casalinga (scarpa col tacco, ma non da vertigine). Si tratta di ampliare la tua mappa del mondo e la tua stessa visione del mondo, rendendola più varia e flessibile. Potresti, in subordine, anche cominciare a operare al secondo e al terzo livello, che sono comunque superiori a quelli in cui si è presentato il problema: inizia a fare jogging o a correre sul tapis roulant per rafforzare le caviglie (e prevenire le distorsioni).

In generale, ogni livello dovrebbe essere congruente con i livelli superiori: altrimenti, se il tuo comportamento contraddice la tua "missione" o la tua "visione", dopo un poco lo smetterai. Se invece, come nel caso precedente, ti sentirai intimamente e profondamente una persona, oltre che sexy, anche sportiva, finirai per cambiare atteggiamento: userai il tacco dodici solo in determinate circostanze, e comunque non ne sarai schiava.

SEGRETO n. 10: impara ad allineare i tuoi livelli a quello più alto, dopo aver aggiornato la mappa dei tuoi livelli logici a partire dallo spirito e dall'identità.

A tal proposito, l'esercizio che chiude questo primo capitolo ti sarà di valido aiuto (ovviamente, come tutti gli altri esercizi, puoi personalizzarlo o inventarne altri: ormai hai la chiave...).

ESERCIZIO n. 7: l'ascensore neurologico.
Socchiudi gli occhi, entra in stato alfa e ripensa al tuo problema: per esempio, ti vedi e ti senti grassa; questo ti abbatte, ti demoralizza e... per non pensarci, mangi ancora di più! Sei completamente a terra... Immagina ora di entrare in ascensore e di salire... Ti fermi al primo piano. Apri la porta e... ti trovi catapultata nel tuo ambiente: pochi interessi, scarsi stimoli, frigo sempre pieno e poi sempre vuoto... Rientri nell'ascensore, riparti e ti fermi al secondo piano. Apri la porta ed eccoti davanti a un

grande schermo... Rivedi i tuoi comportamenti quotidiani: tu che apri il frigo in continuazione... sempre seduta davanti alla TV, una pila di settimanali di gossip, qualche sortita per fare la spesa, sempre incollata allo smartphone... Rientri nell'ascensore ...terzo piano. Un altro schermo: come tanti titoli di testa scorrono le tue capacità: sai stirare, qualche parola d'inglese, riesci a tenere viva la conversazione per un paio di minuti... Quarto piano. Altro schermo, ma questa volta con i titoli di coda: le tue convinzioni. Beh, qui vai alla grande: credi in Dio, ma Lui non pensa a te... Tra i tuoi valori c'è la famiglia, ma chissà quando te ne farai una (o te ne andrai...), credi nelle regole, ma sei convinta che le cose andranno sempre peggio...

Quinto piano. Lo schermo è ora quello di un televisore: la tua identità. Tutto in bianco e nero, immagini sfocate, rimbombi e sfrigolii... Infine, sesto piano. Peggio del film *Il sesto senso*... Nessuno spirito di vita, nessuno slancio vitale, solo fantasmi... L'ho fatta un po' tragica... ma è solo per darti una traccia. Come per ogni esercizio, lo puoi personalizzare e riempire dei tuoi contenuti.

Rientra ora in ascensore, ma, prima di scendere, proiettati nel tuo futuro ideale: tu che, in perfetta linea, vestita Armani, sali sulla tua cabrio rossa e con una sgommata parti per l'auditorium dove terrai l'ennesima conferenza da coach di grido... (o quello che vuoi: la vision e la mission sono tue). Goditi la scena, impregnati delle luci, dei suoi colori, di suoni e sapori, esasperali e falli scorrere vorticosamente dentro di te... Scendi ora al quinto piano. Così ricaricata, ripensa alla tua identità: ti senti un'altra, vero? Ora hai un'identità forte, decisa, attiva e proattiva: ti senti efficace, efficiente e volitiva. E snella come sei, puoi fare sport, alternare sneakers e tacchi a spillo, minigonne e pantaloni. E poi hai una missione, una visione... Senti di essere più di un corpo, più dei tuoi pensieri, più delle tue emozioni.

Scendi al quarto piano. Hai i tuoi valori, li difendi ma sei aperta ai valori altrui e puoi cambiare... Credi in qualcosa, ma vuoi andare oltre. Sei creativa, curiosa, aperta al nuovo, vogliosa di scoprire i veri valori del passato... Terzo piano. Ora che non hai più pregiudizi, preconcetti e ti senti piena di energia e di capacità, niente di meglio che frequentare, non solo palestre, ma biblioteche, musei, cineforum.

E poi, un bel corso di portoghese per fare finalmente quel viaggio tanto sognato a Jericoacoara, la mitica località del Brasile. Secondo piano. Non ti dico di diventare vegetariana, ma ormai sei sempre più attenta all'alimentazione. D'altronde, ora hai una forte identità, sorretta da credenze salutistiche: non solo una nuova visione del mondo e un nuovo spirito, ma nuove capacità e, quindi, nuovi comportamenti... Primo piano. Che ne dici di cambiare ambiente, casa, lavoro, città, nazione? Se non vuoi (e forse fai meglio), ora il tuo giardino sarà più verde di quello del vicino.

Bene, come ti senti? Se prima il SUD (indice d'insoddisfazione) era 9, insomma eri proprio a terra, ora sarà 4: segno che ti senti decisamente meglio. Per portare l'insoddisfazione a zero, o comunque ai minimi livelli, risali di nuovo con l'ascensore neurologico e, a ogni fermata, resetta il livello, poi ridiscendi ed eventualmente risali...

RIEPILOGO DEL CAPITOLO 1:

- SEGRETO n. 1: Esiste una causalità, non di tipo lineare ma circolare, che può estendersi all'infinito: un cambiamento in un membro del gruppo influenza tutti gli altri membri.
- SEGRETO n. 2: Nella rete spazio-tempo ogni cosa dipende da un'altra, ogni entità comunica con un'altra.
- SEGRETO n. 3: In te ci sono, tra i tanti mini-Io, Superman e Calimero. Fa' una scelta, trova l'eroe dentro te e modellalo!
- SEGRETO n. 4: Per facilitare e fluidificare il raggiungimento dei tuoi traguardi, dovrai applicare la legge della varietà indispensabile, elevare l'obiettivo e visualizzarlo vividamente.
- SEGRETO n. 5: Potrai cambiare solo se supererai i tuoi limiti, reciderai ogni legame mentale e uscirai dalle tue gabbie comportamentali.
- SEGRETO n. 6: Volontà e desiderio sono il polo maschile e femminile sia dell'attenzione che dell'intenzione, i due principali motori di ricerca del traguardo.
- SEGRETO n. 7: Per la PNL quello che vale, e funziona, non è la veridicità del modello, ma la sua utilità ai fini del risultato che si vuole conseguire.

- SEGRETO n. 8: Se raggiungi i tuoi obiettivi vuol dire che sei efficiente; se li raggiungi con il minimo sforzo possibile sarai anche efficace.
- SEGRETO n. 9: Un approccio spirituale è in grado di suscitare esperienze soggettive potenti e potenzianti, può favorire lo svolgimento della vita quotidiana e influire sul successo personale.
- SEGRETO n. 10: Impara ad allineare i tuoi livelli a quello più alto, dopo aver aggiornato la mappa dei tuoi livelli logici a partire dallo spirito e dall'identità.

CAPITOLO 2:
Come migliorare la percezione di te

«... quel grande e vero Anfibio, la cui natura gli consente di vivere, non solo, come altre creature, in diversi elementi, ma in mondi separati e distinti.»
Sir Thomas Browne

L'uomo: il grande anfibio... diviso tra cielo e terra. «Cielo in terra, cielo in basso; stelle in alto, stelle in basso: tutto quello che è in alto è pure in basso». Questa analogia ci riporta a una grande verità: la realtà, apparentemente multiforme, si riassume in una singola unità.

Come abbiamo visto nel primo capitolo, ogni unità contiene in sé la molteplicità. Tutto è collegato: se hai fatto l'esercizio n. 7 quello dell'ascensore, applicazione pratica della scala di Dilts, avrai notato come il cambiamento a un livello si ripercuote sugli altri livelli, in particolare su quelli sottostanti.

A proposito di livelli, la tradizione esoterica distingue nell'uomo sette livelli: corpo fisico, corpo astrale, corpo eterico, anima istintiva, anima razionale e anima cosciente, spirito. Talvolta, anche lo spirito viene tripartito e si hanno nove livelli. Comunque, nel pensiero comune, i livelli si riducono a tre, sintetizzati nella trinità umana: corpo, anima e spirito.

Nondimeno, si è abituati a considerare l'uomo diviso in corpo e anima: il primo è la parte esteriore, visibile, dell'essere umano; la seconda è la parte interiore, invisibile. Pertanto, il concetto corrente riguardo all'essere umano è dualista.

Questo è fin troppo spesso vero nella pratica, ma, in realtà l'uomo è tripartito: corpo, anima e spirito. Questi ultimi due termini – anima e spirito – non sono affatto alla stessa stregua, anche se nella vita quotidiana l'uno (l'anima) ingloba l'altro (lo spirito).

Ma perché questa differenza? Lo spirito è l'organo della coscienza, dell'intuizione e della comunione (con tutto l'universo, visibile e invisibile). L'anima è, invece, l'organo della personalità, il mediatore tra spirito e corpo. Le sue facoltà sono: la volontà, l'intelletto e i sentimenti.

«Il soffio creativo viene da una regione dell'uomo in cui l'uomo non può discendere neppure se Virgilio stesso lo accompagnasse, perché Virgilio non potrebbe scendere fin là...». Sono parole di Ronald Laing, lo psicologo fuori dagli schemi che si proponeva di elicitare lo spirito dall'anima. Lo scopo? Infondere vita e creatività a quello che, secondo lui, è l'uomo cosiddetto normale: un brandello, contratto e disseccato...

SEGRETO n. 11: Per ampliare il ventaglio delle tue possibilità, considera l'uomo nella sua trinità corpo-anima-spirito, e, comunque, agisci come se.

Naturalmente, come al solito, non ti dico di prendere tutto alla lettera: puoi anche non crederci, ma, per ottenere i risultati che questo corso di risveglio si propone, ti dico di agire "come se". E di agire contro le regole... Ricorda, «la scienza vuole la regola, perché essa toglie al mondo il suo aspetto pauroso: la paura dell'incalcolabile è l'istinto segreto della scienza». (Nietzsche)

Qual è, invece, il segreto di una vita realizzata? Innanzitutto, non solo focus, ma anche de-focusing: di tanto in tanto, sposta la tua attenzione, il tuo focus, dal mondo fisico al tuo mondo interiore e dall'osservabile al non-osservabile. Questo ti porterà a riflettere su tutto ciò che non puoi vedere, ma che esiste, o comunque potrebbe esistere.

Come ricorda il filosofo e psicanalista Umberto Galimberti, «L'attività immaginativa pone l'avvio di un processo creativo che trova soluzioni che sfuggono all'impianto logico». Ridai, quindi, fiato alla tua creatività!

Vuoi entrare nel tunnel dei miracoli? Fatti bambino... Come insegnava Gesù: «se non diventi come un *fanciullo*, non entrerai nel *Regno dei Cieli*». Detto con il linguaggio della PNL: se ti liberi dai condizionamenti mentali, avrai tutto ciò che vuoi o quasi: tieni sempre i piedi per terra!

Si tratta, in pratica, di tornare alla fase dell'innocenza della scala evolutiva di Deepak Chopra, di cui ti ho fatto cenno nel capitolo precedente.

Come hai visto, sono sette fasi, non necessariamente sequenziali, ma spesso simultanee, che caratterizzano il nostro essere.

Il primo passo, quello essenziale, è il ritorno all'innocenza. Le sue caratteristiche sono: vivacità, fiducia, semplicità, senso di curiosità e di meraviglia. In questo modo ridimensionerai il secondo aspetto, quello dell'Ego: avrai sempre meno desiderio di manipolare e controllare le persone e, come effetto, sempre meno paura, meno insicurezza, meno dipendenza dagli altri e dal loro giudizio... Andrà anche a svanire la terza fase, quella della ricerca del successo, ossia dell'Ego in azione.

Le conseguenze? Meno sete di potere, meno rabbia, meno ansia, meno frustrazioni ecc. Di contro: più interesse a donare, a darsi agli altri, più attitudine alla condivisione, più empatia, più amore. E siamo solo all'inizio. Ci sono poi le fasi che ti portano al top, cioè alla tua completa realizzazione: la ricerca della divinità, la visione della divinità e la realizzazione dello Spirito. In pratica, il desiderio di andare al di là del mondo della materia.

Una volta raggiunti gli ultimi tre livelli, ti sentirai sempre più compartecipe e co-creatore di qualcosa di più vasto (come quando arrivi ai livelli di *mission* e *vision* nella scala di Dilts). È come se salissi su di un monte per vedere in alto e in basso: avrai una visione generale e, se utilizzi un cannocchiale o un binocolo, focalizzata. In questo caso il binocolo è spirituale e le sue caratteristiche sono: immaginazione, intuizione e ispirazione.

La cosa più interessante è questa: man mano che cambi interiormente e amplifichi la tua consapevolezza, anche il mondo intorno a te comincia a cambiare, perché è una proiezione di quello che tu sei.

SEGRETO n. 12: quando acquisisci la consapevolezza della visione olistica dell'uomo e della connessione con il mondo che ti circonda, la tua vita prende un nuovo corso.

«Hai mai aiutato a partorire un pastore inglese femmina? Sei mai salito su un aliante, lasciandoti trasportare dal vento? (…) Sei mai andato a fare trekking sull'Himalaya? (…). La stragrande maggioranza delle persone, o forse sarebbe meglio dire chi ha un briciolo di sale in zucca, tutte queste cose non le fa.

La gente normale studia, si fidanza, cerca un lavoro, un partner con cui fare un figlio, si compra uno smartphone per comunicare con lui, poi accende un mutuo (se glielo concedono) e va all'IKEA.

Anche io queste cose le ho fatte, ma ritengo che ogni tanto nella vita sia necessario compiere qualche atto di volontario deragliamento che imprima una forte deviazione alla quotidianità, modificandone il percorso. Perché? Beh, io credo che questo tipo di esperienze regali alla coscienza delle occasioni insolite per setacciarsi dentro e fare l'inventario delle proprie risorse. Dobbiamo continuare a evolverci...».

Rifletti sulle parole di Zap Mangusta, attore e regista teatrale, e fai ...zac sulla tua vecchia vita (e zapping sulla nuova). Ecco, quindi, un altro esercizio per farti deragliare dalla quotidianità.

ESERCIZIO n. 8: il tunnel del cambiamento.
Chiudi gli occhi ed entra in stato alfa. Visualizza davanti a te l'entrata di un tunnel, come quelli che trovi sull'autostrada. Vi entri a tutta velocità: il tunnel si piega a destra, poi a sinistra, poi

scende, sale... e tu lo percorri sempre più velocemente, come se fossi su un toboga, su uno scivolo, un bob sulla neve, su delle montagne russe... All'imboccatura del tunnel, tutto buio... Poi il nero si attenua, emerge una luce, l'atmosfera si colora... A ogni cambio di direzione un cambio di colore:

- **Rosso** (colore eccitante): ti senti rinvigorire, sei investito da ondate di energia.
- **Arancione** (colore accogliente): sei inondato da emozioni positive e ogni emozione negativa (paura, insicurezza, dubbio) vola via.
- **Giallo** (colore rallegrante): pensieri di successo, di certezza, fiducia; ogni dubbio svanisce.
- **Verde** (colore calmante): tranquillità, pace, ti sembra di galleggiare, sei in uno stato di flusso.
- **Blu** (colore rilassante): un senso di appagamento, dolcezza, amore.
- **Indaco** (oppure **argento** – colori dell'anima): ora sei in contatto con l'anima, la tua essenza sale a galla, senti i sensi interiori svilupparsi, vedi il tuo terzo occhio aprirsi.
- **Viola** (anche **oro** – colori spirituali): ti stai aprendo al mondo, ti senti partecipe dell'universo, la tua fontanella si

sta riaprendo.

Bene, goditi l'esercizio e personalizzalo, se vuoi. Ecco una variante.

ESERCIZIO n. 9: la scala dei colori.
Entra in stato alfa e immagina di scendere una scala. Scendi i primi tre gradini: le pareti della scala sono rosse, sei immerso in un'atmosfera rossa, i muscoli cominciano a rilassarsi. Altri tre gradini: i muscoli sono completamente rilassati... un'inspirazione, trattieni e poi espira lungamente...

Scendi altri tre gradini: pareti arancione, atmosfera arancione: ogni emozione si placa in te... Altri tre gradini: le tue emozioni sono completamente rarefatte. Un'inspirazione, trattieni e poi espira lungamente...

Giù per altri tre gradini: pareti gialle, atmosfera gialla... ogni pensiero estraneo e disturbante esce dalla mente... Altri tre gradini: ogni pensiero negativo è volato via. Un'inspirazione, trattieni e poi espira lungamente...

Scendi altri tre gradini: pareti verdi, atmosfera verde... il tuo sistema nervoso inizia a rilassarsi... Altri tre gradini: ogni tuo nervo è profondamente rilassato. Un'inspirazione, trattieni e poi espira lungamente...

Giù per altri tre gradini: pareti blu, atmosfera blu... un senso di pace profonda ti avvolge... Altri tre gradini: sei in totale armonia con te stesso e il mondo... Un'inspirazione, trattieni e poi espira lungamente...

Scendi altri tre gradini: pareti indaco, atmosfera indaco... Sei in contatto con te stesso... Ancora tre gradini: la tua anima, la tua essenza profonda, sta salendo a galla, hai il pieno controllo della tua vita. Un'inspirazione, trattieni e poi espira lungamente...

Scendi altri tre gradini: pareti viola, atmosfera viola... tutti i livelli del tuo essere sono in armonia fra di loro. Gli ultimi tre gradini: ti senti immerso in te stesso, nel mondo, sei tutt'uno con l'universo...

Prendendo spunto dall'esercizio n. 7, quello dell'ascensore

neurologico, potresti associare ai colori i livelli logici:
- *rosso* (ambiente);
- *arancione* (comportamenti);
- *giallo* (capacità);
- *verde* (convinzioni);
- *blu* (identità);
- *indaco/viola* (spirito): l'indaco (o l'argento), per la tua essenza, ossia la tua identità più profonda; il viola, o l'oro, per il tuo Sé transpersonale e la connessione con lo Spirito universale.

ESERCIZIO n. 10: l'ascensore energetico.
In piedi, ben piantato, schiena diritta e braccia lungo i fianchi, senti l'energia proveniente dalla terra che entra dai tuoi piedi... Quest'energia è un flusso caldo che, man mano che sale, ti energizza: sale su per i polpacci, su per le gambe, le cosce: queste cominciano a illuminarsi, a colorarsi di rosso brillante... Il flusso arriva al bacino e il rosso trascolora in arancione... Poi ancora su per il bacino, l'ombelico, il plesso solare ...giallo Ancora più su... su per il tronco ...verde su per le spalle, per il collo ...blu sul viso, sulla fronte ...indaco sul cuoio capelluto ...viola.

A questo punto il flusso caldo d'energia proveniente dalla terra incontra la cascata di energia fresca fluente dall'universo: il flusso cosmico si riversa nella fontanella sul capo e si mescola con l'energia proveniente dalla terra... Quest'ultima ricomincia a scorrere verso il basso, rinfrescando ed energizzando ulteriormente viso, collo, petto, cosce, piedi... L'energia spirituale proveniente dall'alto si riversa, invece, dentro di te... rigenerando il cervello, i polmoni, il cuore, gli organi interni, i tessuti, i muscoli, ogni cellula... Sei un uomo nuovo, una donna rigenerata...

Questi esercizi, come del resto gli altri, sono un esempio di visualizzazione e di meditazione creativa. L'utilizzo dei colori aiuta la visualizzazione. E poi il particolare colore non è casuale, ma ha una sua, per così dire, fisicità (come per le sfere dell'Albero della Vita e i chakra – vedi in PNL e Kabbalah – o la cosiddetta aura). Inoltre, come tutte le radiazioni, i colori hanno lunghezze d'onda diverse, per cui influenzano il fisico e la mente (basti pensare a come cambia l'umore da una giornata uggiosa a un'assolata...).

SEGRETO n. 13: l'utilizzo dei colori nella visualizzazione, insieme all'uso di tutte le submodalità VAK, aiuta a creare degli ancoraggi mentali.

Per un rilassamento rapido puoi creare degli agganci mentali, cioè degli ancoraggi visivi: visualizza un colore ed entra nella qualità o stato corrispondente, in modalità plurisensoriale (VAK). Per potenziare l'effetto puoi usare, oltre all'ancoraggio visivo, anche uno cinestesico: tieni uniti i polpastrelli del pollice e dell'indice della mano destra per i colori accoglienti o calmanti (arancione, verde, blu); i primi tre polpastrelli, sempre della mano destra per i colori intimi e spirituali (indaco e viola); infine, tieni il pollice sinistro stretto tra l'indice e il medio per i colori energetici (rosso e giallo).

Tutto questo acuisce ancor più le tue capacità di visualizzazione e di immersione in te stesso: infatti, la visualizzazione e la meditazione creativa sono strumenti utilissimi per dare degli input positivi alla tua mente e, soprattutto, per plasmare il tuo inconscio, che è il vero motore del cambiamento profondo.

Come affermava Assagioli, grazie alla meditazione creativa possiamo modificare, trasformare e rigenerare la nostra personalità. D'altronde, come è ormai ben noto, le immagini mentali tendono a produrre le condizioni fisiche e i comportamenti corrispondenti. La focalizzazione su un'immagine mentale, non solo inciderà sulle tue emozioni, ma contribuirà a realizzare fisicamente il contenuto della tua immagine e del tuo film mentale.

SEGRETO n. 14: con l'allenamento immaginativo puoi plasmare il tuo inconscio e generare la tua realtà ideale.

Per fare questo ricorda di spegnere con uno Stop! il dialogo interiore (oppure immagina di avere un telecomando o, come nelle vecchie radio, gira la manopola per abbassare l'audio, o per aumentarlo quando t'incoraggi mentalmente). In ogni caso, tieni a bada il tuo fastidioso inquilino interiore. Dopo di che focalizzati sull'obiettivo, visualizzalo vividamente, ingrandiscilo, entraci dentro… Vivilo come se fosse già realizzato, espandi al massimo le sensazioni di gioia, felicità e sorpresa.

Questo è il modo migliore per darti quella carica e quell'entusiasmo che non consentiranno a nessun ostacolo, intralcio o scivolata, di fermarti. Certo, puoi fare un passo per volta e goderti i tuoi piccoli progressi... ed è proprio quello che avverrà ogni giorno durante e dopo questo corso. Ma, come base di partenza, è bene visualizzare il film a partire dalla fine, dal suo happy ending.

Si tratta della tecnica dello scalatore, utilizzata nel problem solving strategico da Giorgio Nardone, sulla scia della Scuola di Palo Alto (Bateson, Watzlawick ecc.). La stessa tecnica, come avrai notato, l'hai utilizzata come applicazione della scala di Dilts, quando, per resettare un livello, sei partito da quello superiore.

Ma potresti applicare questa tecnica per scendere dalle vette della realizzazione dello Spirito alle depressioni dell'Ego. Parlo della scala di Chopra: fa' un esercizio applicando le sette fasi evolutive, ormai dovresti essere allenato.

Ma perché è così utile la tecnica dello scalatore? Vederti, sia pure nella visualizzazione mentale, nel tuo stato desiderato, non solo ti galvanizza, ma, se ci sono dei problemi che ti trascini dietro e ti frenano, funziona da esperienza emozionale correttiva. Si tratta, in pratica, di quel deragliamento dai binari del tran tran quotidiano di cui parlavo prima, capace di influenzarti profondamente, caricarti e spingerti verso il cambiamento.

E per fare questo il metodo migliore è la visualizzazione: dopo quella statica, sei passato alla visualizzazione dinamica, cioè stai imparando a visualizzare dei propri film. Concentrarsi su un'immagine è, infatti, molto più facile che focalizzarsi su un pensiero.

Supponiamo che tu voglia visualizzare la casa dei tuoi sogni, o la tanto agognata vacanza esotica, facendo solo pensieri astratti: finiresti col distrarti dopo qualche minuto. Infatti, i pensieri volano facilmente via e vengono rimpiazzati da altri pensieri. Prova invece a entrare in stato alfa, a sfumare i pensieri... chiudere gli occhi e visualizzare la casa dei tuoi sogni, o la spiaggia tropicale, con più particolari possibili: colori, odori, sapori, sensazioni, emozioni...

SEGRETO n. 15: l'immagine è la forma di pensiero più vicina alle emozioni e queste sono la chiave del successo nel raggiungere i tuoi obiettivi.

Utilizzando le immagini invece dei concetti astratti farai fluire l'energia dal piano mentale a quello emozionale: in questo modo ridurrai al minimo l'attività della mente e le sue interferenze, per lo più negative, ossia gli auto-sabotaggi. L'immaginazione (e la visualizzazione, che ne è la forma più concreta) è una sorta di potere con cui dai forma e contenuto ai tuoi desideri, ma per essere ancora più efficace deve essere emozionata...

L'immagine deve essere permeata da tutte le emozioni positive legate all'obiettivo: sarà poi sufficiente rievocarla per riaccenderla e, quindi, infiammarti di entusiasmo. Se vuoi, sottolinea le immagini con affermazioni positive, e soprattutto: fede assoluta nella realizzazione del tuo sogno. Immagina il tuo desiderio come se si fosse già avverato: fatti pervadere già da ora dalla gioia e dall'ebbrezza del successo... Per dirla con Kenneth Hagin, noto predicatore del secolo scorso, nella vita ricevi e possiedi sempre quello che credi e dici.

Tuttavia, non devi farlo con sforzo e ripetizioni continue, ma in modo distaccato, wu wei, zen.

SEGRETO n. 16: per ottenere le tue performance migliori, cerca di entrare in flow state, ossia in una condizione estatica caratterizzata da assenza di pensiero, calma e lucidità assoluta.

E poi, stacca la spina a ogni pensiero di fallimento! Spesso sei tu stesso, con le tue rimuginazioni e i tuoi film mentali, a programmare il fallimento (in ogni caso, considera il fallimento come un modo per avvicinarsi al successo...). Kenneth Hagin sosteneva: «Se sei sconfitto, è perché ti sei sconfitto con le tue labbra». Quindi, non avere dubbi circa la realizzazione del tuo obiettivo, non limitarti a sperare, ma abbi fede.

E non pensarlo solo nella testa, ma credilo col cuore: «dopotutto, anche quando dubiti credi qualcosa; solo che credi la cosa sbagliata: questa è la differenza». Non solo, insisteva Kenneth Hagin, ma devi fare Stop! a ogni parola negativa e a ogni cenno di dubbio e incredulità: «Se non credi a quello che dici, non dovresti dirlo, perché, se ripeti qualcosa abbastanza a lungo, quelle parole alla fine s'imprimeranno nel tuo spirito e controlleranno la tua vita...»

SEGRETO n. 17: quando ti prefissi un obiettivo, abbi una fede cieca nel suo raggiungimento, senza se e senza ma.

Medita, e visualizza, le parole di Kenneth Hagin – fissatele bene in testa, e soprattutto nel cuore (ricorda: il verbo ricordare ha come radice "cuore"). E visto che ti ho sovraccaricato di parole, ecco un altro pit-stop per fare il punto della situazione: mi riferisco, in particolare, ai metodi migliori per rendere efficace l'immaginazione che, come ho detto altre volte, significa: in me il mago è in azione.

È come se in te ci fosse il genio della lampada: lascialo fare. Chi in un modo chi nell'altro, tutti possono visualizzare, anche tu. Devi solo staccarti un attimo da quello che ti circonda, dai tuoi pensieri e dal dialogo interiore e, soprattutto, allenarti. Non devi vedere con gli occhi fisici, ma con l'occhio interiore.

Le condizioni essenziali per garantire l'efficacia del processo immaginativo, sono le seguenti:

- Scegli l'obiettivo desiderato.
- Rilassati prima di passare alla visualizzazione (favorisce la memorizzazione e il richiamo delle informazioni).
- Annulla il self-talk (dialogo interno), oppure rendilo positivo e propositivo.
- Nel visualizzare coinvolgi tutti i sensi (agendo sulle submodalità VAK della PNL e in associato).
- Arricchisci la scena di particolari per aumentare l'effetto delle immagini e, quando sei al top dell'entusiasmo, salta nel film.
- Nel momento clou della visualizzazione fa' un fermo immagine e ancoralo con il click destro (il polpastrello del pollice che preme quello dell'indice).
- Rivedi più volte il film, specie prima di addormentarti... (nel capitolo successivo vedremo perché).

ESERCIZIO n. 11: la visualizzazione incrociata.

Ecco un esercizio semplice per imparare a visualizzare (è una variante di un esercizio che puoi trovare sul mitico corso di memoria *Memo – Memoria e Metodo*). Immagina che su un tavolo (per esempio, quello della cucina) vi siano una bottiglia colorata (oppure un vaso) e una mela, o un'arancia, anche una bella anguria... Bene, hai fatto la tua scelta: siediti a una certa distanza dal tavolo sul quale sono disposti: una bottiglia rosso amaranto a destra e un melone verde scuro a sinistra.

Osservali per una ventina di secondi, il tempo di almeno cinque cicli di inspirazione-espirazione, poi chiudi gli occhi, trattenendo l'immagine della bottiglia e del melone. Dopo di che visualizzali mentalmente in posizione invertita: la bottiglia a sinistra e il melone a destra, ognuno al posto dell'altro. Visualizzali vividamente: le forme, i colori... Immagina di toccarli, carezzarli, assaggiarli... Apri gli occhi e noti, ovviamente, che sono ancora al loro posto. Immagina ora che la bottiglia e il melone si alzino in volo, si capovolgano e tornino al loro posto originario... Fa' più volte questa visualizzazione mentale.

Passa poi a immaginare che la bottiglia si allarghi, cambi forma e colore... da rosso amaranto a verde melone. Ora è un grande vaso verde. Il melone si appiattisce, cambia forma, materiale, colore: è diventato un grande piatto rosso amaranto...

Continua ad allenarti: visualizza un triangolo, fallo ruotare... ed ecco che diventa un cono. Poi un cerchio: comincia a ruotare e diventa una sfera, poi un pallone da rugby, quindi un melone... Bene, ora sei pronto a visualizzare anche interi film: l'importante è l'allenamento, la ripetizione. E soprattutto, devi essere totalmente immerso nella situazione. Infatti, come ho già detto, per ottenere i migliori risultati, devi entrare entrare in flow state, ossia in una condizione caratterizzata da assenza di dialogo interiore e presenza di calma e lucidità.

Per ottenere questo, nel mio *La PNL per tutti i giorni* ho inserito un set di esercizi da fare appena svegli: la loro funzione è quella di ripulire lo specchio – dove si riflettono le emozioni e i pensieri – e avere la mente sgombra e il cuore tranquillo. In ogni caso, qui te ne propongo altri due, anche se ti consiglio vivamente il set di ricarica mattutina (palming, esercizio sole-luna, EFT integrata da una visualizzazione e un'energizzazione, esercizio "Stanlio e Ollio"...).

ESERCIZIO n. 12: la grotta del cambiamento.
Entra in stato alfa e immagina di entrare dentro di te passando attraverso la fontanella sulla testa... Rimani aggrappato al bordo della fontanella, poi ti lasci andare. È tutto buio, tu scivoli giù, il cunicolo verticale si allarga e appare l'azzurro. Tu scendi a tutta velocità, e man mano che vai giù si staccano da te le scorie del passato, della settimana passata, di ieri... Via dolori, fastidi, preoccupazioni, guai, malattie... Sotto di te c'è il mare: splash... sei sott'acqua, l'acqua è fresca, rigenerante, rivitalizzante... Ed ecco una caverna sottomarina: vi entri. Di nuovo buio, poi, in fondo, una luce: sbuchi su un prato immenso, mille colori, suoni, fragranze... Sei di nuovo all'aria aperta, felice, scoppiettante di vitalità...

Bene, hai ripulito lo specchio, ora puoi guardarti... Ci può, però, essere, un problema: non ti piaci! Non ti preoccupare, non capita solo a te... Lo sapeva bene Maxwell Maltz, il noto chirurgo plastico che cinquant'anni fa scrisse Psicocibernetica, il bestseller che portò alla luce un argomento poco considerato: l'immagine di sé.

È bene ripeterlo: ognuno vede a modo suo, e non sempre nel migliore dei modi – spesso le immagini sono distorte e sfocate. Riguardo al Sé i problemi sono anche peggiori... C'è il Sé e c'è l'Ego: quest'ultimo per di più frantumato in una folla di mini-Io che si azzuffano, e azzannano, tra di loro... Insomma, il cervello è il campo di battaglia.

La psicocibernetica studia, per l'appunto, il cervello: in particolare, com'è organizzato per rispondere agli stimoli dati dalle circostanze esterne. Il cervello è come il pilota automatico di un aereo: in base alla destinazione (lo scopo) e alla posizione del velivolo, rilevata dai sensori (i sensi), il pilota automatico (il cervello) fa le opportune correzioni per compensare eventuali deviazioni dalla rotta.

SEGRETO n. 18: la Psicocibernetica individua i meccanismi mentali che predispongono al successo o all'insuccesso, in

base alla risposta del cervello alle intenzioni della persona.

Lo scopo finale è quello di ottimizzare, non solo la possibilità di raggiungimento degli obiettivi, ma lo stato di soddisfazione generale e di benessere emotivo (ben-essere) dell'individuo. E qui arriviamo al concetto di immagine di sé. Maltz scoprì, infatti, che ognuno di noi ha una sua immagine di sé: conclusione che sembra ovvia, viste le mie premesse, solo che Maltz ne ebbe la dimostrazione pratica.

Innanzitutto, egli notò che bastava una semplice correzione estetica sul viso per restituire al paziente un buon grado di miglioramento esistenziale. Anche questo è intuibile: la cicatrice, o qualsiasi altra imperfezione, faceva sentire la persona brutta, se non sfigurata.

Ma non tutte le ciambelle riescono col buco… Maxwell Maltz riscontrò un altro fatto, questo inaspettato e apparentemente incongruo: nonostante la buona riuscita dell'intervento di chirurgia, non tutti i pazienti rimanevano soddisfatti, anzi alcuni di essi continuavano a vedersi sfigurati o con i tratti antiestetici.

E così, nonostante l'evidente miglioramento esterno, la loro immagine interna non era mutata.

Maltz si chiese: perché mai pazienti che si erano rifatti il naso con successo si vedevano ancora brutti, mentre altri, che erano rimasti comunque con un brutto naso, per il solo fatto di aver fatto l'operazione, si sentivano decisamente meglio? Non si trattava di un semplice effetto placebo.

Se, infatti, assimiliamo la mente a un computer, vediamo che essa riceve input, li elabora ed emette output. Tuttavia, se elaboriamo le informazioni con programmi sbagliati (cattive abitudini, scarsa autostima e auto-efficacia, memorie traumatiche e invasive), il risultato sarà anch'esso negativo. Per di più, le emozioni, che spesso sfuggono al controllo della mente conscia, creano delle interferenze e possono ulteriormente caricare i risultati, nel bene e nel male.

Se, infatti, la persona continuava a vedersi brutta, la cicatrice o il naso importante ben presto si trasformavano in qualcosa di mostruoso.

La ripetizione dell'immagine di sé negativa trasformava il topolino in elefante. Al contrario, che sarebbe successo se il paziente avesse cominciato a ripetersi mentalmente che era comunque un tipo interessante? Anzi, l'imperfezione gli dava un certo non so che... Sarebbe andata certamente meglio!

Ma questo vale per tutti: piangerci addosso enfatizza il problema e lo esaspera al punto da renderci infelici, se non disperati. Di qui l'importanza di una buona immagine di sé. Morale della favola (ma è una realtà): coltiva pensieri positivi e di' parole incoraggianti, di continuo...

SEGRETO n. 19: tutti, chi in un modo chi nell'altro, siamo condizionati dall'immagine interna che abbiamo di noi stessi.

Questo portò Maltz a concludere: «Il vero cambiamento non è estetico o esteriore, ma passa necessariamente attraverso una rivalutazione interna che l'individuo può attuare consapevolmente».

Ma perché accade questo? Ogni persona ha un'immagine di sé

che non è quella che riflette lo specchio: l'immagine incorporata – che agisce come uno dei metaprogrammi della PNL – è quella che si è andata formando nel corso della nostra vita, quindi conformata (o deformata) da tutte le esperienze vissute o semplicemente immaginate. D'altronde, il nostro cervello non rileva alcuna differenza fra le esperienze reali e quelle vividamente immaginate.

E questo casca a fagiolo: il mio scopo è, infatti, insegnarti a fare il copia-e-incolla della visualizzazione sulla realtà desiderata. Ciò implica una rivalutazione interna di te stesso, ossia un cambio d'immagine che porterà a un nuovo atteggiamento. I nuovi comportamenti "virtuosi" ti faranno uscire dal circolo vizioso dei comportamenti disfunzionali in cui, in genere, sei intrappolato e che ti fanno stare male. È un'escalation di negatività, un effetto golem (ti stai creando il mostro da portarti sempre appresso...).

Ciò è dovuto al fatto che, quando stai male, tendi a reiterare tutta una serie di comportamenti e pensieri: dalle frasi negative alle predizioni pessimiste (che si auto-avverano...). Immagini il peggio, ti isoli, ti arrabbi, te la prendi con tutti, ti piangi addosso, straparli di quello che non va, di chi va avanti rubando, soffiando il posto a chi se lo merita o se l'è sudato... Così facendo, non solo alimenti la sofferenza e le peggiori qualità (invidia, gelosia, odio, ecc.), ma, se ripetuto, il tuo cattivo comportamento finirà per diventare un vero e proprio destino. Ed è proprio la ripetizione – come sosteneva Kenneth Hagin – ad alimentare ciò di cui vorremmo invece liberarci.

C'è però una buona notizia: secondo Maxwell Maltz è possibile invertire la rotta e cambiare stato d'animo adottando, invece, il meccanismo di ripetizione al positivo. Se la ripetizione dei comportamenti disfunzionali ...funzionava, avrebbe funzionato altrettanto bene la reiterazione dei comportamenti positivi. Riprendendo le parole di Kenneth Hagin: «Se ripeti qualcosa abbastanza a lungo, quelle parole alla fine s'imprimeranno nel tuo spirito e controlleranno la tua vita...».

SEGRETO n. 20: la ripetizione di un comportamento negativo aumenta il senso di sofferenza e dolore. Fa' un copia-e-incolla di sentimenti positivi e di parole di incoraggiamento.

A tal proposito Maxwell Maltz descrive un set di operazioni mentali (spesso valgono più di quelle fisiche) atte a migliorare la propria immagine di sé:

- Crea una nuova immagine di te;
- Resetta il sistema-guida interno;
- Riprogrammati per il successo;
- Utilizza l'immaginazione creativa;
- Utilizza il rilassamento creativo;
- Usa il pensiero a tuo vantaggio;
- Sfrutta il potere del pensiero razionale;
- Prendi l'abitudine alla felicità;
- Usa il meccanismo del fallimento a tuo favore;
- Elimina le cicatrici emotive;
- Sblocca la tua vera personalità;
- Utilizza i tranquillanti mentali;
- Trasforma ogni crisi in successo e felicità;
- Acquisisci la sensazione di vittoria.

Maltz invitava a coltivare i sentimenti positivi, come la fiducia in se stessi, l'empatia, l'ottimismo, il perdono, il coraggio ecc. In ogni caso, la prima cosa che devi fare è **prendere coscienza** dei meccanismi mentali implicati nella tua percezione di te. Tradotto in linguaggio PNL: individua il tuo stato attuale per poi passare a trasformarlo nello stato desiderato. Quanto al resto, come avrai notato, si tratta di operazioni mentali che già conosci, o che stai approfondendo, in questo corso.

Avrai, peraltro, notato che l'intero set operativo è patrimonio anche della Programmazione Neuro-Linguistica. La PNL ha, infatti, attinto molto dalla Psicocibernetica di Maltz, come peraltro dal Metodo Silva, di cui parlerò tra poco, e dalla Psicosintesi di Assagioli, che spesso e volentieri cito. Ovviamente, per ciascun punto del set psicocibernetico puoi applicare uno degli esercizi che già conosci, per averli letti nei miei precedenti libri o perché ti stai applicando con me ora.

In ogni caso, puoi usare queste tecniche PNL: modellamento, ancoraggio, submodalità, time-line, reframing, swish, squash... e nevillizzazione degli obiettivi (ne parlerò nel terzo capitolo). Per concludere, due esercizi di restyling, o di vera e propria chirurgia plastica (è come se lo fosse).

ESERCIZIO n. 13: il chirurgo plastico.

Chiudi gli occhi, entra in stato alfa, e rilassati. Visualizza la tua immagine per come la vede il tuo attuale "osservatore interno". Non ti piace, la detesti, vorresti cancellarla... ma tu sai di essere più del tuo corpo, più dei tuoi pensieri, più delle tue emozioni. Sai di valere... Sì, in fondo ti ami! Invia alla tua immagine ondate di amore... In ogni caso, puoi migliorarti. Fa' tutti i ritocchi che vuoi: naso, bocca, capelli, gambe... Visualizza il tuo modello ideale, quello che hai appena creato: le caratteristiche fisiche, quelle intellettuali, morali, sociali... Entra dentro il "modello", indossa il "Tu ideale". Immagina di entrarvi come in un vestito nuovo: aggiustatelo addosso, guardati allo specchio, ridi...

Ricorda, un cuore allegro è un buon rimedio, ma uno spirito abbattuto fiacca le ossa. (Libro dei Proverbi – Bibbia). Ora, in piena forma, immagina di guardare con gli occhi del tuo vero Tu, di sentire con le sue orecchie, toccare con le sue mani... Esci poi dal "Tu ideale", ma "indossando" ancora tutte quelle sensazioni, emozioni, pensieri....

ESERCIZIO n. 14: da bruco a farfalla.

Visualizza la tua immagine di te: ti trovi sgraziata, un po' cicciottella, ben poco Belen… È un'immagine che ti deprime: ti fa passare la voglia di uscire, di stare con gli amici, di vivere… Lascia stare i perché e i percome, ma concentrati per un attimo su quest'immagine avvilente e… incollala su di te, ma limitatamente alla tua parte frontale. Immaginati ora un mix di Belen, Shakira, Angelina Jolie, la tua amica vamp, la manager che ammiri tanto, fisico e sorriso da Federica Pellegrini (o Panicucci), o chi vuoi… Fai un modeling personalizzato, non eccessivamente fuori dalla tua portata e… incolla quest'altra immagine, ma solo sulla tua parte posteriore – schiena, spalle, capelli… I bordi della tua immagine frontale – quella brutta – e di quella posteriore (la tua immagine ideale) iniziano a combaciare: ti trovi avvolta dalle due immagini, come una mandorla nel suo gheriglio, una noce nel suo guscio, il bruco nel bozzolo… Poi, all'improvviso la crisalide si trasforma in farfalla…

In alternativa, immagina di rotolarti a terra per la disperazione, poi nel fango…

Il fango si solidifica intorno a te: tu ti addormenti, sogni di essere bellissima, piena di fascino, di carisma... Ti risvegli, ti stiracchi, spingi, vuoi venire alla luce... Il fango si riempie di crepe e tu balzi fuori ...bellissima.

Se ripeti più volte al giorno queste visualizzazioni (per almeno ventuno giorni, o giù di lì), comincerai ad attuare quel processo di rivalutazione interna di cui parlava Maxwell Maltz. A questo cambio d'immagine dovranno far seguito, il prima possibile, nuovi comportamenti virtuosi e l'apprendimento di nuove abilità (dieta, alimentazione corretta, esercizi fisici, letture, hobby, corsi di teatro o di uncinetto...).

In casi estremi, potrà seguire qualche ritocco estetico, anche importante: infatti, a questo punto, avrai la piena consapevolezza della tua scelta, in quanto tutti i tuoi livelli, consci e, soprattutto, inconsci, sono allineati. E quindi, non sei più distruttivo: ora sei solo creativo! Ricorda: «L'immaginazione è l'inizio della creazione. Immagini ciò che desideri, vuoi ciò che immagini, crei ciò che vuoi avere». George Bernard Shaw

Nel prossimo capitolo creerai tutto ciò che vuoi: l'unico limite sei... tu (del resto, nel salmo 8 dell'Antico Testamento c'è scritto che l'uomo è stato fatto solo di poco inferiore a Dio).

RIEPILOGO DEL CAPITOLO 2:

- SEGRETO n. 11: per ampliare il ventaglio delle tue possibilità, considera l'uomo nella sua trinità corpo-anima-spirito, e, comunque, agisci come se.
- SEGRETO n. 12: quando acquisisci la consapevolezza della visione olistica dell'uomo e della connessione con il mondo che ti circonda, la tua vita prende un nuovo corso...
- SEGRETO n. 13: l'utilizzo dei colori nella visualizzazione, insieme all'uso di tutte le submodalità VAK, aiuta a creare degli ancoraggi mentali.
- SEGRETO n. 14: con l'allenamento immaginativo puoi plasmare il tuo inconscio e generare la tua realtà ideale.
SEGRETO n. 15: l'immagine è la forma di pensiero più vicina alle emozioni e queste sono la chiave del successo nel raggiungere i tuoi obiettivi.
- SEGRETO n. 16: per ottenere le tue performance migliori, cerca di entrare in flow state, ossia in una condizione estatica caratterizzata da assenza di pensiero, calma e lucidità assoluta.
- SEGRETO n. 17: quando ti prefissi un obiettivo, abbi una

fede cieca nel suo raggiungimento, senza se e senza ma.
- SEGRETO n. 18: la Psicocibernetica individua i meccanismi mentali che predispongono al successo o all'insuccesso, in base alla risposta del cervello alle intenzioni della persona.
- SEGRETO n. 19: tutti, chi in un modo chi nell'altro, siamo condizionati dall'immagine interna che abbiamo di noi stessi.
- SEGRETO n. 20: la ripetizione di un comportamento negativo aumenta il senso di sofferenza e dolore. Fa' un copia-e-incolla di sentimenti positivi e di parole di incoraggiamento.

CAPITOLO 3:
Come costruire il tuo laboratorio mentale

«Sono salito sulla cattedra per ricordare a me stesso che dobbiamo sempre guardare le cose da angolazioni diverse. E il mondo appare diverso da quassù. Non vi ho convinti? Venite a vedere voi stessi. Coraggio! È proprio quando credete di sapere qualcosa che dovete guardarla da un'altra prospettiva».

Sì, come ho scritto nell'introduzione, per poter cambiare occorre assumere un nuovo punto di vista. Quindi, non rimanere perennemente a terra, ma sali in alto... Fosse pure su un banale tavolo, come il professor John Keating nell'Attimo fuggente!

Certo, tutto può accadere, l'attimo fuggente può essere fermato, ma può anche portarti con sé. Tuttavia, una cosa è certa: molte cose succedono perché pensi che debbano succedere.

Bene, hai imparato che non c'è un devi, ma solo un vuoi. Sei libero di sceglierti il tuo destino: è tua responsabilità.

Ci sono i doveri, ma anche i piaceri; alcune volte devi essere attento, vigile, in altri momenti devi lasciarti andare, distaccato, vuoto, fluido... E se fallisci, è perché ti sei preparato a fallire!
«È la mente che fa sani o malati, tristi o felici, ricchi o poveri».
Edmund Spenser

Siamo noi a programmare il fallimento: lo pensiamo, ci rimuginiamo sopra, lo coltiviamo, lo crediamo e perseguiamo. E se pensi che le cose debbano succedere, allora fai in modo che succedano, ma che siano positive! Ok, ma come fare?

Forse, hai sempre pensato, come i fisici della prim'ora, che la realtà fosse suddivisa nettamente in materia e pensiero, oppure in materia ed energia. Questo modello culturale così rigido, per quanto superato dalla fisica quantistica, continua a influenzarti, perché lo consideri... scientifico. Ma senti cosa dice Sir Arthur Stanley Eddington, matematico e astrofisico inglese (e non è il solo...): «Credo fermamente che la mente abbia il potere di influenzare i gruppi di atomi fino a riuscire a modificare il loro comportamento. Di conseguenza, sono convinto che gli eventi del mondo non siano determinati tanto dalle leggi fisiche, quanto dal volere degli esseri umani e dal potere della loro mente».

SEGRETO n. 21: come, a livello subatomico, l'energia risponde alla tua attenzione consapevole e si trasforma in materia, così tu puoi influenzare, a livello "sottile", la realtà.

Eppure, secondo molti, tutto è predeterminato o frutto del caso... Risultato? Si ritrovano intrappolati in una realtà che ritengono predeterminata e che non possono assolutamente cambiare. Io sono sempre stato curioso e amante delle novità, ma molti (forse tu no, visto che stai seguendo questo corso...) rimangono ancorati alle loro granitiche certezze: non c'è nessun'altra realtà, tutto è materia, tutto è dovuto al caso o è scientificamente spiegabile...

Conclusione: malgrado tutti i loro sforzi scientifici, gli iper-razionalisti e gli scettici continuano ad affogare nei problemi... E non hanno neanche l'immaginazione del barone di Münchausen, che, per uscire dal pantano in cui era cascato col suo cavallo, afferrò il suo codino e lo tirò in alto...

Morale della favola? Sempre più spesso continui a girare a vuoto, perché ritieni che l'unica realtà sia quella materiale. E tutto quello che pensavano quei creduloni dei tuoi avi? Il potere della mente, le influenze sottili, la loro capacità di dialogare con la natura... «Oggi tendiamo a dimenticare che l'anima, non solo è dentro di noi, ma anche fuori di noi (...) Se vivessimo in un'altra cultura, diremmo: qualcuno mi sta inviando un messaggio». James Hillman

Bene, cogli il messaggio: tu fai parte – e sei partecipe – di un vasto campo energetico invisibile che contiene tutte le possibili realtà e riflette i tuoi pensieri e le tue emozioni. Dai, quindi, maggior spazio all'emisfero destro del cervello, al pensiero "laterale", alla tua mente intuitiva. «La mente intuitiva è un dono sacro e la mente razionale è un fedele servo: noi abbiamo creato una società che onora il servo e ha dimenticato il dono». Albert Einstein

Chiediti: la tua mente può influenzare la realtà nella quale sei immerso? La fisica quantistica e la sapienza antica – anche quella ingenua dei nostri avi – rispondono all'unisono: Sì. Io non ti do, nello spirito della PNL, una risposta definitiva, ma ti dico di agire come se (fosse vero). Seconda domanda – questa t'interessa ancora di più: tale capacità può essere appresa e utilizzata per raggiungere i tuoi obiettivi? Ancora una volta: Sì.

SEGRETO n. 22: i tuoi pensieri e le tue credenze influenzano, in un modo o nell'altro, la realtà che ti circonda e tu puoi modificarla a tuo vantaggio.

Quindi, visto che la mente non è mai oggettiva (la mente mente) e che tutte le convinzioni sono comunque illusioni, o delusioni, scegli quelle potenzianti e scarta quelle depotenzianti. Tieni bene a mente e ripetilo più volte nel corso della giornata: quello che accade nella mia mente, accade nella mia vita quello che ho nella mia mente, lo attraggo... quello che io desidero... sarà mio!

E soprattutto, ripeti la famosa frase di Emile Couè, lo scopritore dell'effetto placebo e dei "miracoli" della visualizzazione: ogni giorno, da ogni punto di vista, io vado sempre meglio! E poi, slegati la mente e il cuore ...slegati tutto!

«L'uomo è come un albero (…) curalo in ogni momento, liberalo dal superfluo e tienilo pulito da scarafaggi e vermi, ed esso, a tempo debito, comincerà a crescere. Lo stesso vale anche per l'uomo: l'unica cosa che gli serve è togliersi lacci e impedimenti e non mancherà di svilupparsi e crescere». Martin Buber

Quindi, se da un lato devi liberarti da ogni condizionamento e diventare fluido, eclettico, sciolto, vuoto... d'altro canto devi essere vigile, attento, focalizzato. Per questo puoi utilizzare anche le cosiddette regole di Tyler (da Fight Club, libro e film *cult* – ti consiglio entrambi). In particolare (qualcuna, più "cruda", l'ho adattata al tuo caso): Niente paura, niente distrazioni, acquisisci la capacità di lasciarti scivolare di dosso ciò che non conta. Non essere mai completo, smettila di essere perfetto! Evolviti, lascia che le cose vadano come devono andare... Solo dopo aver perso tutto... sarai liberi di fare qualsiasi cosa. Tu non sei il tuo lavoro, non sei la quantità di soldi che hai in banca, non sei la macchina che guidi, né il contenuto del tuo portafogli, non sei i tuoi vestiti di marca... sei una stella danzante! (ho modificato il finale rispetto all'originale).

Smettila di cercare di controllare tutto, pensa solo a lasciarti andare! Questa è la tua vita e sta finendo un minuto alla volta...

E io aggiungo: *d'ora in poi la tua giornata avrà sempre un'ora in più!*
Pensiero del giorno:
«La sola e unica cosa su cui ogni persona ha il totale e completo controllo è ciò su cui focalizza la mente.»
Napoleon Hill

Ora che sai indirizzare la tua **attenzione** e la tua **intenzione,** potrai cavalcare, tra le infinite onde di possibilità del campo quantico, quella che trasforma le tue onde-pensiero in realtà. *Ci vorrebbe il laboratorio di uno scienziato!* Bene: ecco il laboratorio...

Sì, sto parlando del laboratorio mentale del Metodo Silva: *il laboratorio di un "mago"...* – mago per come lo intende la PNL, ossia un "esperto della mente", che sa *come* provocare il cambiamento (come i "magi" dei Vangeli, che seppero "leggere" il cambiamento e seguirono la "stella"...).

Solo qualche cenno di storia *e poi tutta pratica*. Negli anni '60 Josè Silva, un elettrotecnico texano autodidatta, di origini messicane, lanciò il suo "Metodo Silva de Control Mental" (ora *Silva Mind Control* o "Metodo Silva"). Si tratta di un programma di *self-help* (auto-aiuto), che Silva aveva sviluppato a partire dagli anni '40 sulla scia dei suoi studi da autodidatta e delle esperienze fatte su figli e amici.

Sintetizzando, il Metodo Silva insegna tecniche di *imagery* (visualizzazione) finalizzate al "cablaggio" del subconscio – cioè al suo rapido collegamento con la mente conscia. Tutto ciò grazie a tecniche di rilassamento "attivo" – ossia teso al raggiungimento di obiettivi – e di visualizzazione guidata.

Come nel caso della Psicocibernetica, il Metodo Silva punta a migliorare l'"immagine di sé", oltre che a potenziate le facoltà intuitive e mnemoniche, nonché, ciliegina sulla torta, *alla capacità di "proiettarsi" verso l'obiettivo*. La sua capacità di "ascoltare" e padroneggiare tutto il sistema "mente-corpo" lo rende paragonabile allo yoga più avanzato e alla PNL (infatti, gran parte degli istruttori del Metodo Silva sono anche practitioner o trainer di PNL).

Ecco qui cosa promette il Silva Mind Control:
- rilassamento profondo, *immediato,* a occhi chiusi *o aperti*
- cura per l'insonnia, capacità di addormentarsi *immediatamente* e di svegliarsi all'ora voluta (*senza sveglia*)
- controllo del dolore (*senza anestesia*), della temperatura corporea e della perdita di sangue (da ferite superficiali)
- auto-diagnosi, guarigione e *sblocco* di problematiche fisiche, mentali ed emozionali, personali *e di altre persone*
- incremento delle facoltà mnemoniche e della capacità di rievocare eventi (*utile per ritrovare oggetti smarriti*)
- intuizioni (*anche la comprensione del subconscio altrui*)
- *brainstorming* e risposta a quesiti di qualsiasi natura.
- controllo e *incremento* della propria energia vitale
- *remote viewing* (visione a distanza)
- telepatia.

In generale, risoluzione di ogni problema... Senza entrare nel merito circa il *perché* e il *come* del Metodo Silva, ti chiedo anche questa volta di agire come se. Tra le varie tecniche mi soffermerò, in particolare, sulla capacità di "proiettarsi" verso l'obiettivo, qualunque esso sia. A questo scopo utilizzerò il metodo di rilassamento Silva e il suo "laboratorio mentale" in forma personalizzata e creativa.

SEGRETO n. 23: il Metodo Silva insegna a migliorare l'"immagine di sé", a potenziare le facoltà intuitive e mnemoniche e a proiettarsi verso il risultato desiderato.

Immagina ciò che desideri: identificato l'obiettivo (già questo non è semplice: ci vuole occhio…), mettiti nello stato adatto. Entra, come abbiamo imparato, in stato alfa (ritmo di Berger): la tua attività elettrica cerebrale oscillerà tra circa 8 e 14 hertz (cicli al secondo), ossia in consonanza e armonia con la "pulsazione" della Terra. Quest'ultima pulsa, infatti, a poco meno di 8 hertz, ossia a cavallo tra le onde alfa – tipiche della mente subconscia, del dormiveglia e di una condizione meditativa leggera – e le onde "theta" (4 – 8 hertz) dello stato di meditazione profonda.

Nel Silva Mind Control vengono utilizzate le onde alfa e theta, quelle dell'"armonia cosmica". Le onde "beta", tra i 14 e i 30 hertz, sono, come ben sai, quelle dello stato di veglia e della mente conscia. Le onde "gamma", tra i 30 e i 42 herz, sono quelle dello stato di tensione e di sovra-eccitazione, attive anche negli "stati trascendentali" – di estasi – o nel potere psichico profondo. Al limite inferiore, sotto i 4 hertz, giacciono le onde "delta", quelle del sonno profondo.

Josè Silva studiò i diversi stati di coscienza correlati alle onde cerebrali, elaborando un metodo per raggiungere agevolmente lo stato di rilassamento "meditativo", caratterizzato dalle onde alfa. Il Metodo Silva è, infatti, una forma di meditazione dinamica, e non "statica" – come avviene, in genere, nello yoga e nello zen – in quanto indirizzata all'ottenimento di risultati concreti.

In ogni caso, occorre preliminarmente abbassare la frequenza delle onde cerebrali: infatti, ogni risultato di questo metodo si ottiene entrando in stato alfa (a livello), il che ti consentirà di accedere a ogni capacità, anche latente, del tuo Io profondo. In questo modo, una volta che sei a livello e inizi a visualizzare, *hai la possibilità di intervenire sulla materia fisica.*

SEGRETO n. 24: il Metodo Silva si basa sul concetto di visualizzazione creativa, secondo il quale è possibile realizzare tutto ciò che possiamo visualizzare mentalmente.

La visualizzazione é una modalità di pensiero "concreto", molto più efficace della normale attività cogitativa, ossia del pensiero astratto. Pertanto, se già quest'ultimo può essere estremamente efficace, così come l'uso "mirato" delle parole, figuriamoci quale efficacia può avere la produzione di immagini mentali! «Siamo ciò che siamo perché, prima di tutto, l'abbiamo immaginato». Anthony Robbins

Tra l'altro, nel corso della visualizzazione il corpo sperimenta gli stessi processi fisico-chimici che sarebbero prodotti nella realtà. E con la visualizzazione tu puoi "produrre" realtà, specialmente quando ti trovi in uno stato "rallentato" di coscienza: per questo il Metodo Silva prevede la visualizzazione in modalità alfa o theta.

La forza dell'immaginazione è tale che può formare dei nuovi percorsi sinaptici, ossia dei circuiti cerebrali che determinano nuovi comportamenti, più idonei per realizzare i tuoi desideri e soddisfare le tue aspettative. Con l'immaginazione puoi realizzare un'esperienza "sintetica", cioè che non esiste ma che per la mente è identica alla realtà.

Inoltre, dopo un po' di allenamento, puoi abbandonarti a dei veri e propri "sogni guidati" con un contenuto prestabilito. Tuttavia, prima di "plasmare" la realtà del mondo, dovrai modellare la tua: i vari esercizi e l'"atmosfera" che respiri in questo corso mirano proprio a questo. Immagina di tornare bambino e di sognare a occhi aperti. Per fare questo, iniziamo dallo strumento base del Silva Mind Control: lo schermo mentale. E per spiegarlo ecco un'applicazione pratica.

ESERCIZIO n. 15: lo schermo mentale.
Seduto, o in piedi, guarda in alto tra le sopracciglia, in corrispondenza della radice superiore del naso. Nel farlo premi i polpastrelli delle prime tre dita della mano destra (metodo delle tre dita).

Continua a tenere unite le tre dita – si tratta di un "ancoraggio meditativo" (per il semplice rilassamento basta unire solo il pollice e l'indice) – e, senza alzare la testa, indirizza lo sguardo verso l'alto, finché cominci a provare del fastidio... Poi chiudi gli occhi e scivoli giù... dentro di te. Ora sei "a livello", cioè in fase alfa, il primo stadio del rilassamento.

Approfondisci il livello, facendo il rilassamento con i colori: dal rosso fino al viola (vedi in particolare gli esercizi n. 8 e n. 9). Per ottenere un rilassamento più profondo (fase theta), immagina di scendere una scala, o di sprofondare lentamente, contando a ritroso: 10... 9... 8... 7... 6... 5... 4... 3... 2... 1. A questo punto ti ritrovi di colpo in una scena della natura a te gradita: una distesa di sabbia bianca, un immenso prato verde, su un'amaca in un'isola dei Caraibi, in una jacuzzi...

Ora che sei perfettamente rilassato, *puoi cominciare a lavorare su te stesso:* rimanendo sempre con gli occhi chiusi, visualizza davanti a te uno schermo.

Sarà il tuo schermo personale: ti accompagnerà dovunque andrai e vi potrai proiettare tutti i film che creerai nella mente. Passa ora al tuo problema: *supponiamo che tu voglia migliorare la tua immagine*, non solo quella "interiore", ma anche quella esteriore (sei un po' sovrappeso). Immagina di essere un pittore e di avere con te tutta l'attrezzatura necessaria: *comincia a dipingere mentalmente sullo schermo* (puoi aiutarti facendo il gesto di dipingere) – inizia dai capelli, poi il viso, il collo, i fianchi, le gambe... Elimina o attenua i difetti fisici: i capelli troppo radi, le orecchie a sventola, le rughe, il seno piatto o i muscoli flaccidi, i cosciotti... (naturalmente non è il tuo caso: è solo per fare un esempio). Fa' il tuo photoshop... Ritocca anche il tuo atteggiamento: fallo meno sottomesso, più baldanzoso, sorridente, disinvolto.

Ora puoi cominciare a far muovere il tuo "alter-ego" ideale... Eppur si muove!
Fa' un fermo immagine e poni al sotto dello schermo una targhetta con la scritta: SONO IO. Riprendi a camminare – nella parte inferiore dello schermo scorrono i sottotitoli: sono forte, coraggioso, aperto al mondo, creativo, dinamico, ma, se voglio, anche distaccato, fluido...

Questo film, e in particolare il fermo-immagine con la scritta SONO IO – ossia la tua auto-immagine ideale – sarà sempre a tua disposizione. Per aumentare l'effetto – questo va oltre il Metodo Silva – dopo la visualizzazione inizia a muoverti nella stanza scalciando come se facessi kick-boxing... gridando (non troppo forte): *sono coraggioso! sono forte! posso ogni cosa! sono grande...*

Di tanto in tanto richiama l'immagine o il film, apporta eventuali ulteriori ritocchi e, mentre le scene scorrono sullo schermo mentale, sentirai l'entusiasmo crescere... E poi, non rimanere sempre fuori dal film... (ossia *disassociato*), ma, al top della tua intensità emozionale, va' in associato, *proiettati dentro!* Vedrai che, dopo qualche giorno, inizierai a sentirti motivato, qualcuno noterà dei cambiamenti in te, il tuo ego-drive scatterà e ci sarà un effetto valanga... (esagero, ma non troppo). A proposito di valanga, il Metodo Silva utilizza lo schermo mentale per le più svariate applicazioni: tra le tante, la "sveglia mentale".

ESERCIZIO n. 16: la sveglia mentale.
Vuoi svegliarti a una certa ora e il suono della sveglia ti fa

sobbalzare? (oppure, più semplicemente, vuoi vedere se il Metodo Silva, sia pure in un caso banale come questo, funziona...). Mettiti comodo nel letto, scendi a livello con una delle modalità che hai imparato, tira fuori lo schermo mentale... Visualizza sullo schermo un grande orologio a muro, dal contorno colorato e con i numeri neri e grandi (o come preferisci). Immagina che le lancette siano accessibili, così da poterle girare direttamente con la mano.

Ed è quello che farai mentalmente (meglio ancora, accompagna il movimento mentale con le mani, come se stessi spostando realmente le lancette sull'ora prestabilita: le sette del mattino). Poi di' mentalmente: «ora prenderò sonno... e mi sveglierò completamente riposato alle sette di domani mattina, sì... alle sette in punto, come ho segnato sulla mia sveglia mentale!»

Bene, ora puoi addormentarti e domani ti sveglierai alle sette!

E se hai difficoltà ad addormentarti? Semplice: disegna un grande cerchio sullo schermo (o lavagna) mentale e, sempre col gesso immaginario, scrivi 100 al suo interno, poi in alto a destra un bel "DORMI!" Cancella con la sinistra il numero 100 (fa' il gesto con le mani), scrivi con la destra 99 e ripassa la scritta "DORMI!". Poi cancella 99, dormi! scrivi 98, dormi!... poi cancella 98... 97, 96, 95, 94... Dopo un poco ti si annebbierà la vista, le palpebre diventeranno pesanti e... cadrai tra le braccia di Morfeo!

ESERCIZIO n. 17: la dreaming machine.
E se vuoi ricordarti i sogni? Basta andare a livello e ripetere mentalmente: «ora sto per addormentarmi – da questo momento riposerò tranquillamente e profondamente, secondo le mie necessità fisiche e psichiche. Durante il sonno sognerò e ogni sogno rimarrà impresso nelle cellule cerebrali, così che potrò ricordarlo in modo nitido e chiaro al mio risveglio... Sì, ricorderò tutti i sogni in ogni loro particolare!»

L'attività onirica è un modo per rappresentare i nostri desideri e le nostre aspirazioni: i sogni ci consentono di comunicare con il nostro inconscio e con il superconscio, per cui si rivelano una notevole risorsa nel nostro percorso verso la realizzazione del futuro desiderato.

Ricorda, però, di tenere sul comodino una penna e un blocchetto di appunti, per segnare i particolari più importanti del sogno. Infatti, se è pur vero che ricorderemo i sogni al nostro risveglio, dopo un po' tenderemo a dimenticare molti dettagli (ma questo vale anche quando si va a una lezione o a una conferenza, o se vuoi mettere su carta delle intuizioni lampo o qualcosa di interessante che leggi o senti per strada...).

SEGRETO n. 25: per realizzare i tuoi desideri, vai a livello, fa' un rilassamento e una visualizzazione guidata, sorridi e di' parole positive come: io sono, io voglio, io posso, io ottengo e faccio questo per me e per il bene di quelli intorno a me.

Abbiamo visto solo qualche caso, ma puoi utilizzare il rilassamento profondo, lo schermo mentale e la "frase magica", opportunamente adattata, nelle più svariate occasioni. Bene, a questo punto sei pronto per un'ulteriore discesa dentro di te (e di salita verso le *peak performance*).

ESERCIZIO n. 18: la discesa nella cantina dei miracoli.
Entra in stato alfa, utilizzando la solita procedura (viso fisso, sguardo indirizzato sulla radice del naso, ecc.). Focalizza ora

l'attenzione su ciascuna parte del corpo: senti i piedi diventare pesanti, poi anche le gambe, le braccia, le mani, sempre pesanti... il torace che si riscalda, il collo sempre più caldo, il viso con vampate di calore... Sei tutto un fuoco! All'improvviso una cascata di acqua fresca, limpida... Ti rasserreni tutto, sei tutto "sciolto" – sotto di te c'è una scala... Scendi a uno a uno tutti i gradini: c'è un grande pianerottolo, la porta di una cantina.... Apri la porta ...ed entri nel laboratorio dei miracoli...

Bene, per il momento ci fermiamo alle soglie del "laboratorio mentale": quel luogo segreto, creato mentalmente, dove puoi inventare, modificare e aggiustare ogni cosa, fisica e mentale. L'importante è che stai imparando a visualizzare e a rilassarti.

Josè Silva fu tra i primi a sviluppare il rilassamento profondo (la tecnica più nota è il "training autogeno", di Schultz, uno psichiatra) e a scoprire gli effetti "magici" degli stati alfa e theta.
Il Metodo Silva è, come la PNL, un "percorso educativo" e un "laboratorio alchemico dei desideri" che unisce basi scientifiche ed elementi della psicologia transpersonale. Al pari del training autogeno, parte dagli studi sui livelli profondi di coscienza (alfa e

theta), ma, invece che sull'autosuggestione, punta sulla consapevolezza e sul potere della visualizzazione e dell'immaginazione.

Questo metodo permette di sviluppare e utilizzare meglio le capacità mentali che tutti possediamo, ma che sottoutilizziamo.
Di qui i seguenti risultati:
maggior creatività e intuizione, tecniche mentali atte a curare vari problemi psico-fisici, a liberarsi da abitudini dannose, a richiamare alla memoria informazioni, utilizzando per queste anche i sogni...

Nel corso dell'assemblaggio di questo suo metodo di rilassamento-visualizzazione-trasformazione, Silva ideò un "laboratorio personale" a uso e consumo del "praticante". In questo laboratorio, oltre alla presenza di una sorta di "plancia di comando" e di un armadio contenente ogni sorta di attrezzatura, ci sono due "assistenti", che rappresentano il nostro inconscio.

Per essere più precisi, oltre che di "inconscio", possiamo parlare di "superconscio". Quest'ultimo, studiato in particolare dalla

Psicosintesi, dispone di un potere immenso: è capace di trasformare profondamente la nostra vita, in quanto è collegato con il Sé, personale e transpersonale, e agisce in sintonia con la nostra volontà e il nostro desiderio.

Un assistente lo potremmo considerare, è un mio suggerimento, come rappresentante dell'inconscio, ossia della parte più antica e nascosta di noi, depositaria di tutte le memorie vissute e ancestrali (inconscio collettivo). L'altro assistente può rappresentare il superconscio, ossia la parte spirituale, eterna, dell'uomo (il Sé transpersonale), collegata con lo Spirito universale. Naturalmente, come al solito agisci *come se*. E poi scegli tu chi sarà l'assistente uomo e l'assistente donna...

SEGRETO n. 26: il laboratorio del Metodo Silva è uno "spazio-risorsa" contenente ogni sorta di dispositivo o materiale atto a realizzare ogni desiderio e obiettivo.

Vediamo più in dettaglio questo laboratorio.
Ogni qual volta entri in una condizione profonda di rilassamento – in stato alfa, o ancor meglio a livello theta – sarai in grado di

creare un laboratorio mentale di qualsiasi dimensione e forma. Vi metterai, almeno, una scrivania, un computer, una poltrona, un orologio, un archivio tipo "pozzo di san Patrizio" e un calendario universale.

Poi, una volta costruito il laboratorio, chiamerai come assistenti due "consiglieri", un uomo e una donna: questi possono essere personaggi inventati di sana pianta, ma anche realmente vissuti (naturalmente parlo di "modelli": non voglio fare spiritismo o *channelling*...).

A tal proposito, Josè Silva ricorda:
«Uno studente, sperando di incontrare Albert Einstein, incontrò invece un piccolo uomo truccato da pagliaccio, con una pallina da ping-pong rosa per naso e un berretto con sopra una ruota. In effetti quel pagliaccio risultò poi una fonte affidabile di pratici suggerimenti (...) I consiglieri possono essere personaggi molto reali per gli studenti avanzati del Silva Mind Control. Chi sono? Non ne siamo sicuri, forse il risultato dell'immaginazione, forse la manifestazione di una voce interiore, forse qualcosa di più. Quello che sappiamo per certo è il fatto che, una volta che riusciamo a incontrare i nostri consiglieri e impariamo a lavorare

con loro, otteniamo una collaborazione valida e assai preziosa.»

In ogni caso, la presenza di questi consiglieri – uno "razionale" e uno "immaginifico", oppure uno collegato con l'inconscio e l'altro con il superconscio – può essere molto utile: è come avere un *angelo custode* e un *"daimon"* (per come lo intendeva Socrate e Hillman: la sorgente interiore di ogni talento e capacità).

Nel laboratorio mentale del Silva Mind Control si possono fare tantissime cose. Vediamo un esempio, molto personalizzato e "attualizzato".

ESERCIZIO n. 19: il tuo laboratorio mentale.
Ti sei rilassato con il metodo delle tre dita (dopo un po' di allenamento ti basterà tenere premuti i tre polpastrelli – pollice, indice e medio destri – per andare a livello, cioè in alfa, ed entrare in stato di rilassamento "creativo"). Crea il tuo laboratorio mentale: un tavolo con computer e una sedia ergonomica; oppure anche un semplice portatile – anche un ipad o uno smartphone.

Disponi sulla parete di fronte alla tua scrivania un armadio contenente ogni materiale e arnese utile a fare qualsiasi tipo d'intervento (puoi immaginare che ci sia una tastiera alfanumerica: tu componi il nome o il codice di ciò che ti serve – si apre un cassetto e, dall'archivio "universale" ti arriva ciò che hai chiesto, anche l'elisir di lunga vita…). Sull'altro lato ci sono una pedana e uno schermo. Sulla parete di destra, affianco al calendario universale, c'è una porta, da cui, a un tuo comando, entrano i due consiglieri. A sinistra c'è un'altra porta che ti conduce …dove tu vuoi. Sula parete posteriore, a soffitto, c'è un grande faro, che proietta luci di vario colore.

Bene, sei pronto a iniziare: Io, che fungo in questo caso da psicorientologo (guida mentale), ti comunico le generalità e tutte le informazioni di una persona di mia conoscenza, oltre al problema che lo affligge. Il tuo lavoro, da "operatore psichico", consiste nel fare una diagnosi e scoprire la causa delle problematiche della persona, che tu non conosci, né hai mai incontrato o sentito parlare. Poi passerai ad "aggiustare" il problema.

Che fai? Immagina di far salire la persona sulla pedana davanti a te: la illumini con un faro rosso e *inizi a esaminare la persona,* dentro e fuori, inclusi tutti gli organi. Visualizza la persona come se fosse "trasparente" e *proiettati dentro di lei,* entrando in ciascun organo (immagina di diventare piccolissimo e di ispezionare minuziosamente l'interno del corpo – oppure tu a grandezza naturale e la persona enorme...).

Esamina il suo corpo *con la tua intelligenza* dalla testa ai piedi, fa' una "scansione" generale, lasciati attrarre dalle aree che necessitano di maggiore attenzione, poi lasciati andare. Vedrai che un'intuizione improvvisa ti illuminerà; oppure, se lo ritieni necessario, *consultati con i tuoi consiglieri.* Ti sembrerà strano, ma avrai delle risposte pertinenti sullo stato di salute, anche emotiva o mentale della persona, e troverai anche i rimedi (cerca nell'armadio "universale" o sul tuo pc posto sulla scrivania del "laboratorio").

Ma puoi esaminare anche te stesso...
Immagina di proiettarti sulla pedana, poi illuminati con la luce del faro posto dietro di te: luce rossa per lo "scanning" fisico, luce arancione per l'esame delle tue emozioni, gialla per il test

psichico, verde e blu per le relazioni e gli affetti, indaco e viola per lo scanning dei tuoi desideri profondi e dei bisogni spirituali. Se poi vuoi energizzarti, fatti investire da una luce bianca.

ESERCIZIO n. 20: il tubo astrale.
Devi fare un colloquio di lavoro e ci tieni a quel posto (oppure, un esame universitario, un test attitudinale, ecc.). Entra in stato alfa... immagina l'imboccatura di un tunnel: vi entri a tutta velocità e sbuchi sul posto dell'esame – i professori ti interrogano, sul tuo schermo mentale scorrono le risposte... Goditi la sensazione dei visi compiaciuti della commissione d'esame, di te che, al settimo cielo, ricevi i complimenti di parenti e amici...

Dopo di che, ancora vibrante di entusiasmo, vieni risucchiato all'indietro nel "tubo astrale" (per così dire), ossia nel tunnel che ti ha condotto al luogo dell'esame, *e torni nella situazione attuale,* quella pre-esame. Mantieni tutto l'entusiasmo, fatti pervadere da una gioia irrefrenabile; poi, con la massima fiducia, ti proietti di nuovo nel tunnel, rifai con ancor maggior convinzione l'esame, magari per avere anche la lode... Ripeti almeno tre volte questa proiezione "astrale" e vedrai che sarai pronto ad affrontare la sfida.

Bene, ormai sei un "risvegliato": ora puoi andare a dormire... Dormire? Sì, non ci crederai – ormai siamo tutti iper-attivi e sgommiamo anche in pieno centro su SUV ingrifati – ma dormire è la migliore soluzione ai problemi: naturalmente, dipende da come si dorme... «Il sonno è la porta naturale per il subconscio, il quale dà forma ai tuoi desideri quando li senti realizzati prima di addormentarti.» ...parola di Neville.

Neville chi? Forse non lo sai, ma tutto quello che ti ho detto, e che leggi sulla visualizzazione e sulla Legge d'Attrazione, ha avuto in Neville Goddard uno dei massimi studiosi e divulgatori. In pratica, per quanto riguarda la visualizzazione, tutto, o quasi, è farina del sacco di Neville.

Bene, lasciamo Josè Silva e passiamo a Neville Goddard. Se Silva l'ho scoperto una ventina di anni fa, Neville è un mio "acquisto" recente: devo tutto a Joe Vitale – grazie a lui ho imparato a "nevillizzare" gli obiettivi.

Il noto *spiritual coach* americano, infatti, nel suo "Corso di Risveglio", parlando di *Attractor Factor* (Fattore di Attrazione), enumera cinque passi per creare tutto ciò che si vuole: la nevillizzazione degli obiettivi è il quarto passo di questo percorso di crescita personale.

Il termine viene appunto da Neville Goddard – spesso chiamato solo *Neville* – un mistico, scrittore e conferenziere nato agli inizi del '900 nell'isola caraibica di Barbados (dov'è nata la cantante Rihanna, per intenderci) e vissuto prevalentemente negli USA. Neville è stato uno dei maggiori esponenti del cosiddetto *New Thought* (Nuovo Pensiero), un movimento di spiritualità pratica sorto negli USA nell'Ottocento, e che ha avuto nel famoso filosofo "trascendentalista" Ralph Waldo Emerson il padre putativo e in Phineas Quimby il suo promotore.

Quimby sosteneva che la mente è materia in soluzione, ossia è energia, e che la materia, a sua volta, è una forma di mente. Il fondatore del Nuovo Pensiero, nella sua lungimiranza, precedette Einstein nell'affermare la correlazione tra massa ed energia, ma andò oltre, sostenendo la possibilità di intervenire sul corpo tramite la forza della mente. Ed è quello che credeva anche Neville, il quale sottolineava, in particolare, la forza della mente inconscia e, di conseguenza, il potere dell'immaginazione.

Secondo Neville, se si vuole una determinata auto, una casa con caratteristiche specifiche, un successo professionale, o la stessa guarigione fisica, è necessario visualizzare tutto come se fosse già reale e presente in quello stesso momento. Vuoi fare, finalmente, quel viaggio a Los Angeles che sogni dai tempi del Richard Gere di *American gigolò*? Non visualizzarlo nel futuro, ma come se fossi già a Los Angeles! In questo modo dai una "mossa" alla Legge di Attrazione…

SEGRETO n. 27: la nevillizzazione degli obiettivi consiste nel visualizzare qualcosa come se fosse già presente e realizzato.

Come vedi, il *New Thought* è una forma di "misticismo pratico", in quanto basato sul presupposto che il "Regno dei Cieli" non si raggiunge nel futuro, dopo la morte, ma nel presente – *nel qui e ora* – perché il Regno si trova dentro di noi. Pertanto, secondo il Nuovo Pensiero (il Pensiero Positivo ne è la continuazione), l'uomo ha il compito di creare in terra il paradiso, fatto anche di cose materiali come la salute e la ricchezza, le quali non sono distinte dalla spiritualità, anzi ne sono la dimostrazione tangibile.

«Chiedi e ti sarà dato, bussa e ti sarà aperto...».
«Tutto quello che chiederete nella preghiera, visualizzatelo come se lo aveste già ottenuto, e sarà vostro!»
(dai Vangeli)

Phineas Quimby applicò tali principi alla guarigione delle malattie, mentre i suoi successori, come Charles Fillmore e lo stesso Neville Goddard, intesero questi principi, tratti dalla Bibbia, soprattutto in maniera psico-spirituale e, quindi, finalizzati anche alla crescita personale.

Queste idee, molte delle quali anticipatrici delle scoperte della fisica quantistica, hanno influenzato la stessa PNL: basti pensare che la pratica delle affermazioni positive, poi diffusa, in particolare, da Yogananda, Roberto Assagioli e Louise Hay, si deve proprio a Charles Fillmore. A lui si deve anche il lancio dell'uso della visualizzazione come strumento per modificare la realtà. Neville è stato, quindi, un epigono del New Thought e un precursore della Legge di Attrazione. Ma per Neville non era sufficiente l'immaginazione per poter attrarre qualcosa: la chiave per creare la nostra realtà è nel sentire: *Feeling is the secret* – Sentire è il segreto.

Per visualizzare in modo efficace devi, soprattutto, provare delle sensazioni intense: presta, quindi, la massima attenzione al tuo stato d'animo e alle tue emozioni, perché esiste uno strettissimo legame tra le tue emozioni e il tuo mondo visibile. Se cambi le sensazioni e la tua immaginazione cambierai la tua vita.

Per Neville sentire è il solo e unico mezzo attraverso cui le idee vengono trasmesse al subconscio: il segreto è l'emozione. *Feel It in Your Heart, Have It in Your Life* (sentilo nel tuo cuore e sarà tuo). *Viki King*

SEGRETO n. 28: secondo Neville Goddard si può attirare nella propria vita tutto ciò che si vuole, purché la visualizzazione sia associata a un'emozione molto intensa.

Attraverso la *feelization* – ossia sentendo le sensazioni in modo intenso, plurisensoriale e in associato – tu comunichi all'Universo ciò che vuoi realizzare. Ne consegue che, se non hai nessun controllo sulle tue sensazioni, puoi facilmente imprimere idee "negative" nel tuo subconscio.

Neville suggeriva di riempire la mente con una sola sensazione e di camminare come se i propri desideri fossero già realtà. La mente subconscia avrebbe provveduto immancabilmente a concretizzare i desideri, grazie alla sinergia inconscio-Superconscio (il potere creativo divino – o della Mente Universale, o comunque tu lo voglia chiamare).

Ma per ottenere ciò che vuoi, non devi porti troppe domande sul *perché,* il *come* e il *quando* ciò avverrà (si spera presto... anzi ne devi essere certo!), ma devi agisci *come se.*
E soprattutto, devi avere fede assoluta. Neville insisteva molto su quest'ultimo punto: fede cieca – nel senso che occorre chiudere gli occhi fisici e attivare solo l'occhio della fede. Egli diceva: la fede è sentire. A tal proposito citava spesso passi del Vangelo, come quando Gesù guariva dicendo: sia fatto secondo la tua fede.

Per la manifestazione (il *manifesting* della Legge d'Attrazione) occorre quindi avere fede e un forte feeling esteriore e interiore. Ma come intendeva Neville la preghiera?

«La preghiera è l'esperienza più straordinaria che un essere umano possa fare, ma non ha nulla a che vedere con il quotidiano mormorio della maggior parte dell'Umanità, intenta a cercare di attirare l'attenzione di Dio ripetendo vuote litanie. La preghiera è l'estasi di un matrimonio spirituale celebrato nella profonda e silenziosa immobilità della consapevolezza (...) riconoscendo in se stessi ciò che si desidera, piuttosto che stando a implorare Dio di realizzare i propri desideri».

SEGRETO n. 29: secondo Neville la preghiera, intesa come consapevolezza delle proprie possibilità in sinergia con il potere dell'Universo, è una delle due chiavi per la realizzazione dei propri desideri.

Ogni preghiera deve essere, anch'essa, formulata al tempo presente: l'importante è immergersi nella sensazione di provare il proprio desiderio realizzato nel momento che si sta vivendo, non in un qualche lontano futuro. Quindi, per poter manifestare i tuoi desideri è necessario chiudere gli occhi fisici e aprire quelli spirituali: ciò avviene durante la preghiera e il sonno. È in quei momenti che si raggiunge il massimo della consapevolezza.

Secondo il profeta di Barbados, ogni cosa al mondo è un riflesso della propria coscienza – questa è l'unica realtà, ma la coscienza, o consapevolezza, è come un torrente che si divide in due parti: il conscio e l'inconscio (o subconscio: Neville, in genere, li considerava un tutt'uno).

L'inconscio è il regno delle cause e il conscio quello degli effetti: il conscio genera le idee e le imprime nel subconscio e quest'ultimo le riceve e dà loro espressione. Il subconscio non dà, quindi, origine alle idee, ma accetta per vere quelle che la mente conscia percepisce come vere. Il subconscio non manca mai di esprimere ciò che è stato impresso: tuttavia, per imprimere nel subconscio lo stato desiderato devi assumere la sensazione che proveresti se avessi già realizzato il tuo desiderio.

Il subconscio accetta e considera come vero tutto ciò che

sentiamo e *percepiamo* come vero, e poiché la creazione è il prodotto delle impressioni subconscie, siamo noi stessi, attraverso il nostro *sentire*, a dare espressione al Creato. Il subconscio è il grembo del creato.

Come fare, dunque, per dare al subconscio la giusta sensazione? Innanzitutto, per influenzare il subconscio è importante aggirare l'ostacolo del dubbio che viene posto dalla mente conscia. Il subconscio serve l'uomo e dà fedelmente forma alle sue sensazioni: per questo devi esprimere i tuoi desideri al positivo e al presente, perché s'imprimono meglio nel tuo subconscio e scacciano quelli al negativo e al futuro, che sono più deboli. Pertanto, la padronanza di te – dei tuoi pensieri e delle tue emozioni e sensazioni – è l'arma vincente.

Ma qual è il momento migliore per accedere e fecondare l'inconscio? «Dio parla per mezzo di sogni e di visioni notturne: quando un sonno profondo cade sugli uomini e si addormentano nei loro letti, allora apre i loro orecchi e dà loro delle istruzioni». (dal Libro di Giobbe, nell'Antico Testamento).

«Preparandoti a dormire sentiti nello stato di aver trovato ciò che cercavi e poi rilassati nell'incoscienza: non devi avere mai la sensazione di fallimento, ma di avere già ciò che vuoi possedere o essere. Il sogno segue la realizzazione, non la precede. Nel momento in cui accetti il fatto come già realizzato il subconscio farà in modo che esso si realizzi. Occorre creare uno stato passivo e la sensazione della realizzazione». Neville

SEGRETO n. 30: l'altra chiave per realizzare i propri desideri è il sonno, che è la porta naturale per il subconscio, considerato da Neville il "grembo" della creazione di ogni cosa.

Come vedi, oltre alla preghiera, l'altra chiave per la realizzazione dei desideri e delle proprie intenzioni è il sonno. Il dormiveglia facilita il cambiamento, perché induce uno stato di attenzione senza sforzo, ma non deve esser spinto fino al sonno perché a quel punto viene perso il controllo. È però durante il sonno che l'intenzione della mente conscia feconda la mente subconscia.

Ogni sera, prima di addormentarti, chiediti: quali sono i segnali da cui gli altri si potrebbero accorgere che sei cambiato? Rifletti su questo, visualizza il tuo comportamento visibilmente cambiato e cerca di addormentarti con questi pensieri. Poi, nel corso della giornata, osserva se si verifica qualcuno dei segnali di cambiamento immaginati la sera prima. Nel corso del tempo vedrai dei miglioramenti (è una tecnica di Steve De Shazer, della Scuola di Palo Alto, nota per aver lanciato la Terapia Breve Strategica – TBS).

Oppure, tratto da *Metafore Terapeutiche* di David Gordon, uno dei primi esponenti della PNL: prima di addormentarti, immagina di recarti in una città immaginaria o che vorresti visitare – a un certo punto t'imbatti in una fabbrica dove si fabbricano sogni. Entri nel grande magazzino, cominci a girare tra gli scaffali e scegli il sogno che vuoi fare quella notte. Poi torni a casa, vai in camera da letto con la scatola magica, leggi il titolo del sogno, la trama, i personaggi ecc. te li imprimi bene in testa, apri la scatola e cominci a dormire.

Bene, dopo un esempio in stile TBS (Terapia Breve Strategica) e uno, analogo, in chiave PNL, chiudo con un esercizio in puro stile Neville – certo, ci sarebbe tanto da dire sul grande "sognatore" di Barbados, come peraltro riguardo al Metodo Silva, ma penso che ora tu sia in possesso dell'intera "fabbrica dei sogni"…

ESERCIZIO n. 21: la nevillizzazione degli obiettivi.
Nel corso della giornata hai già fatto, di tanto in tanto, un esame dei tuoi pensieri, rifiutandoti di accettare qualsiasi pensiero che non sia carico di amore. Hai anche sospeso il tuo vecchio, meccanico e negativo dialogo interiore, per cominciarne uno positivo e costruttivo, basato sulla certezza che i tuoi desideri saranno sempre esauditi.

Ora che stai cominciando a rilassarti per addormentarti, chiediti: «Come mi sentirei se questa mia aspirazione si realizzasse?» Immediatamente prima di addormentarti devi essere pienamente cosciente di essere o aver già ciò che desideri. Metti a tacere ogni altra sensazione, falla scomparire. Concentrati solo su ciò che desideri e abbi la certezza assoluta di vederlo realizzato: inizia già a sentire i brividi di piacere… Stai per addormentarti, la mente conscia sta cominciando ad abbassare la guardia.

Immagina di piantare il seme del tuo desiderio, lascia che il seme si trasformi in un fiore... Prova intensamente il sentimento di appagamento per il desiderio realizzato, portatelo con te quasi fosse un fragrante profumo. Domattina, quando ti sveglierai, non ci pensare più: c'è sempre un intervallo di tempo – un tempo sabbatico – prima che tu veda realizzato il tuo desiderio. Ma non nutrire dubbi: vedrai quanto prima la tua domenica...

RIEPILOGO DEL CAPITOLO 3:

- SEGRETO n. 21: Come, a livello subatomico, l'energia risponde alla tua attenzione consapevole e si trasforma in materia, così tu puoi influenzare, a livello "sottile", la realtà.
- SEGRETO n. 22: I tuoi pensieri e le tue credenze influenzano, in un modo o nell'altro, la realtà che ti circonda e tu puoi modificarla a tuo vantaggio.
- SEGRETO n. 23: Il Metodo Silva insegna a migliorare l'"immagine di sé", a potenziare le facoltà intuitive e mnemoniche e a proiettarsi verso il risultato desiderato.
- SEGRETO n. 24: Il Metodo Silva si basa sul concetto di visualizzazione creativa, secondo il quale è possibile realizzare tutto ciò che possiamo visualizzare mentalmente.
- SEGRETO n. 25: Per realizzare i tuoi desideri, vai a livello, fa' un rilassamento e una visualizzazione guidata, sorridi e di' parole positive come: *io sono, io voglio, io posso, io ottengo e faccio questo per me e per il bene di quelli intorno a me.*
- SEGRETO n. 26: Il laboratorio del Metodo Silva è uno "spazio-risorsa" contenente ogni sorta di dispositivo o

materiale atto a realizzare ogni desiderio e obiettivo.

- SEGRETO n. 27: La "nevillizzazione" degli obiettivi consiste nel visualizzare qualcosa come se fosse già presente e realizzato.
- SEGRETO n. 28: Secondo Neville Goddard si può attirare nella propria vita tutto ciò che si vuole, *purché la visualizzazione sia associata a un'emozione molto intensa.*
- SEGRETO n. 29: Secondo Neville la preghiera, intesa come consapevolezza delle proprie possibilità in sinergia con il potere dell'Universo, è una delle due chiavi per la realizzazione dei propri desideri.
- SEGRETO n. 30: L'altra chiave per realizzare i propri desideri è il sonno, che è la porta naturale per il subconscio, considerato da Neville il "grembo" della creazione di ogni cosa.

Conclusione

Bene, la settimana da *Plain Jane* (o *Plain John*) è terminata. A dire il vero, l'ho portata a tre settimane (*da raccontare...*): i fatidici *ventuno giorni* che il cervello impiegherebbe per cambiare, *e farti cambiare*. E guarda caso ti ho proposto 21 esercizi e 30 "segreti" (in effetti, più che ventuno giorni, spesso occorre un mese di intenso, ma piacevole, training).

Forse ho esagerato un po' nel riempirti di nozioni, ma, se ti soffermi, spezzetti le informazioni, magari ruminandole (non ti ho forse parlato del vitello di Milton Erickson?), e fai gli esercizi, ben presto assimilerai tutto e ti sentirai più ...leggero: in questo modo correrai più velocemente verso il traguardo. E soprattutto, *respira l'atmosfera dell'ebook!*

A proposito di "aria", una breve storia orientale – forse la conosci, ma è bene ripescarla. Un giovane discepolo chiede al suo maestro *come fare per arrivare alla Verità*. Il maestro gli risponde: «Vieni come» e lo porta sulla riva del fiume – il cammino è lungo, ma il discepolo è motivato, focalizzato sull'obiettivo. Una volta giunti, il maestro scende nell'acqua e invita il giovane a seguirlo: man mano che s'inoltrano nel fiume, l'acqua comincia a diventare profonda. All'improvviso, il maestro salta sul discepolo e lo spinge sott'acqua: il giovane tenta di salire a galla, ma il maestro spinge, spinge, *spinge*...

A un tratto lascia la presa e il discepolo, *dopo l'immersione,* viene di nuovo a galla, spaventato e, a dir poco, perplesso. Bene, fa il maestro, cos'hai provato in quei momenti, sott'acqua? Un grande bisogno di aria, aria... Ecco, *devi provare lo stesso desiderio,* la stessa stravolgente voglia di aria che avevi quand'eri sott'acqua, *perché tu possa raggiungere la Verità!*

OK, mi sembra che il messaggio possa essere completo... (*by the way,* occhio ai corsivi!). Buona lettura!

Nicola Perchiazzi

www.ingramcontent.com/pod-product-compliance
Lightning Source LLC
Chambersburg PA
CBHW050911160426
43194CB00011B/2367